Heinz E. Studt

99x
OBERBAYERN

für Motorradfahrer

BRUCKMANN

INHALT

VORWORT

1989 kam ich nach München – damals noch als »Bankbeamter«, der seine Stuttgarter Chefs um einen »Auslandseinsatz« gebeten hatte und daraufhin nach Bayern respektive München versetzt wurde. Ein Neustart, der mein Leben von Grund auf umkrempeln sollte. In unglaublich kurzer Zeit wurde die schönste Stadt Deutschlands, wurde Bayern – und ganz speziell Oberbayern – zu meiner Heimat, ja, zu meinem *happy place*.

1993 machte ich den Motorrad-Führerschein und begann, die Heimat meines Herzens im Mopedsattel zu »erfahren«. Intensiver, wie mit keinem anderen Fortbewegungsmittel und nahezu ganzjährig, denn der legendäre Alpenföhn schenkte mir jeden Winter diese kleinen Auszeiten im Mopedsattel, die wichtiger Balsam für Bikers Seele sind. Und von den ersten Frühlings- bis zu den allerletzten Herbsttagen traf man mich ohnehin nur auf zwei Rädern an.

Als mich mein Buchverlag nun fragte, ob ich Lust hätte, diesen ganz besonderen Reiseführer über Oberbayern zu schreiben, lautete meine Antwort: »Natürlich! Wer sonst?« Und so freue ich mich ungemein, Ihnen in diesem Buch 99 Höhepunkte aus der Heimat meines Herzens – Oberbayern – präsentieren zu dürfen … Höhepunkte im und abseits vom Mopedsattel, aber allesamt – natürlich – mit dem Motorrad erreichbar. Und in erinnerungswürdige Motorradtouren lassen sie sich ebenfalls problemlos integrieren. Auf geht's!

Heinz E. Studt

Die Altmühl selbst ist ein Paradies für Kanuten und Wassersportler,
die Straßen eng am Fluss entlang begeistern selbst wasserscheue Motorradfahrer.

SCHON DIE DINOSAURIER WAREN BEGEISTERT VOM ALTMÜHLTAL

Für Wasserratten, Kanuten und Radfahrer mit oder ohne Strom ist das Altmühltal am Nordrand Oberbayerns ein wahres Freizeitparadies. Doch auch Motorradfahrer können entlang dieses Flusses gemütlich durch eine einzigartige Landschaft schwingen. Und das in Kombination mit äußerst köstlichen anderen »Schwüngen« …

Wir starten unsere Reise im sehenswerten Ingolstadt und wedeln als Erstes gen Norden, hinaus aus der Autobauer-Großstadt. Über kleine Landstraßen und beschauliche Ortschaften wie Stammham und Denkendorf erreichen wir hinter Amtmannsdorf die Altmühl nahe Beilngries zu einem ersten lohnenden Boxenstopp, zum Beispiel im Café Tandinovum im Zentrum.

Ab hier beginnt flussaufwärts der schönste, weil natürlichste Teil des Altmühltales. Der Fluss hat hier in Jahrhunderten weite Schleifen in die Landschaft gegraben, die von keiner Menschenhand begradigt wurden. Bislang zumindest … Und das Beste: Die Landstraße ST 2230 folgt dem Fluss nahezu auf Tuchfühlung und bietet uns ein Tourenvergnügen, wie es genüsslicher kaum sein kann. Allerdings gilt auch hier: Zur Sommerferienzeit kann es an mancher Engstelle sehr voll werden. Planen Sie deshalb auch diesen Trip besser in einer Zeit außerhalb bundesdeutscher Familienferien. Einen Boxenstopp lohnen unter anderem Kipfenberg sowie das herrschaftliche Eichstätt – vielleicht zur Mittagszeit? Hierfür empfiehlt sich der Braugasthof Trompete in der Ostenstraße.

Weiter geht es über Breitenfurt, Dollnstein und Pappenheim nach Treuchtlingen. Wenn Sie diese Runde in Ingolstadt enden lassen möchten, empfehle ich Ihnen, nun im Süden des Altmühltales über die dort sanften Höhenzüge gen Osten zu huschen. Einige Anhaltspunkte seien auch hier noch genannt: Büttelbronn, Wittesheim, Warching. Bei Rennertshofen erreichen Sie das Donautal und über Neuburg an der Donau auch wieder unseren Ausgangspunkt, das sehenswerte Ingolstadt mit seinen ganz anderen Höhepunkten.

Start/Ziel: Ingolstadt · **Streckenlänge:** ca. 190 km · **Schwierigkeit:** einfach
Kurven: 299 · **Zeitaufwand:** ca. 4–5 Std. ohne Einkehr
Beste Tourenzeit: Anfang Mai bis Ende Juni, Mitte Aug. bis Ende Okt.

AUDI MUSEUM MOBILE – EIN ORT FÜR BIKER?

Es stimmt natürlich: Audis Motorradpläne sind inzwischen mächtig eingestaubt und in Schubladen verschwunden – trotzdem: Wenn Sie mal in Ingolstadt sind, schauen Sie rein. Es ist interessant.

Die Marke Audi in einem Motorradbuch? Warum eigentlich nicht? Schließlich halten sich doch bis heute hartnäckig Gerüchte, dass der bayerische Autobauer nicht nur in den 1970er-Jahren ganz konkrete, fahrbereite Studien über ein erstes Audi-Motorrad – das legendäre Z02 – auf bayerischen Teststrecken fuhr. Auch die Vermutung, dass diese Pläne nie gänzlich ad acta gelegt wurden, berechtigen Audi zu einem Auftritt in diesem Buch samt meiner Empfehlung eines Besuches des sehenswerten, ja hochinteressanten Audi museum mobile in Ingolstadt.

Bei Audi sollen seit Langem fertige Pläne für ein Audi-Motorrad existieren.

Dort erzählt der Autobauer nicht nur die Geschichte einer großen Marke, im Audi museum mobile werden auch historische Exponate in einzigartiger Weise präsentiert. Schon die ungewöhnliche Architektur vereint Dauer und Wandel; moderne Präsentationstechniken mit Bildern, Inszenierungen und multimedialen Elementen lassen die Vergangenheit lebendig werden. Das Audi museum mobile ist deshalb viel mehr als ein reines Technikmuseum: Ein Besuch wird auch zum Rundgang durch die Geschichte des Automobils und zum faszinierenden Rückblick auf das 20. Jahrhundert mit seinen umwälzenden Veränderungen. Nicht zu vergessen: Wer als Zweitfahrzeug für Wintertage einen Audi ordern möchte, kann dies nebenan auch gleich in einem Aufwasch erledigen. Zumindest von Montag bis Samstag, wenn die Verkäufer umherwuseln. Vielleicht können auch die älteren »Semester« unter den Audi-Beratern noch ein paar Details zu Audis Motorradplänen beisteuern. Einfach mal fragen …

Ort/Region: Ingolstadt, Auto-Union-Straße 1, Tel. 0841/89-0 · **Attraktionen:** Geschichte des bayerischen Autobauers, sehenswert präsentiert · **Parkmöglichkeit:** am Museum (teilweise gebührenpflichtig) · **Öffnungszeiten:** Mo bis Fr 9 bis 18 Uhr, Sa/So/feiertags 10 bis 16 Uhr · **Weitere Infos:** www.audi.de

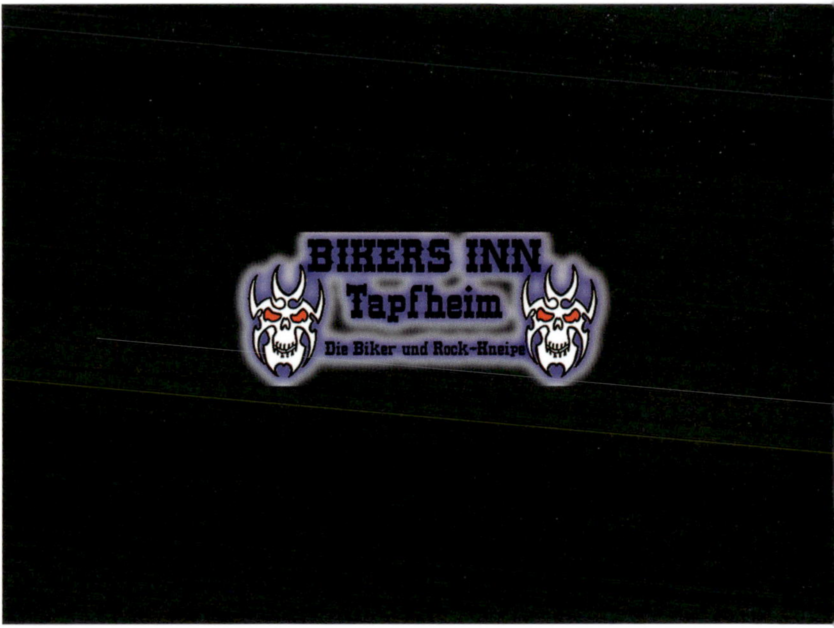
BIKERS INN
Tapfheim
Die Biker und Rock-Kneipe

Lohnende Ziele für wohl jeden Biker: ein kultiger Treff mit Motorradstammtischen sowie ein Oldie-Treff mit Ersatzteilmarkt

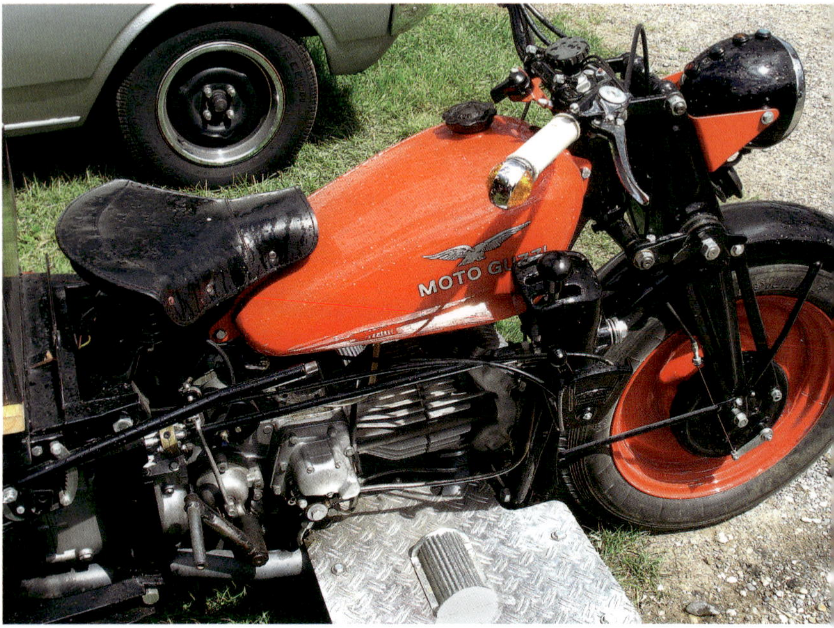
MOTO GUZZI

BIKERS INN TAPFHEIM – KULT ÜBERM TELLERRAND

Es ist korrekt: Dieser Motorradtreff liegt ganz leicht außerhalb unseres eigentlichen Tourengebiets. Aber er ist schlichtweg Kult in der gesamten Region und zudem ein Muss für einen Blick über den Tellerrand. Die Harley-Davidson-Stammtische finden zweiwöchentlich immer an den Donnerstagen mit ungeradem Datum statt, die Livemusik- und Eventliste des Treffs ist lang und spontan befüllt, und es soll sogar Table-Dance am Abend geben. Die Rockkneipe ist zudem ein beliebter Treffpunkt für zahlreiche andere Stammtische (Heavy Metal, Böhse Onkelz u. a.). Definitiv erlebenswert …

Ort/Region: Tapfheim bei Donauwörth · **Attraktionen:** typische Rocker-Biker-Kneipe mit Harley-Davidson-Stammtisch und Rockmusik (live!) · **Parkmöglichkeit:** entlang der Straße
Öffnungszeiten/Besucherfrequenz: täglich ab Mittag/Do HD-Stammtisch, freitagabends und an den Wochenenden gut besucht · **Weitere Infos:** www.bikers-inn-tapfheim.de

OLDTIMER-TREFFEN UND TEILEMARKT IN PÖTTMES

Die Oldtimerfreunde Pöttmes haben mit vielen Ideen, hohem persönlichem Einsatz und Unterstützung aus der Region über die letzten 22 Jahre ein Oldtimer-Treffen auf die Beine gestellt, das wohl seinesgleichen sucht. 400 historische Fahrzeuge kamen allein im Jahr 2018 auf zwei und vier Rädern zusammen und zeigten sich von ihren schönsten und interessantesten Seiten; darunter Schätze wie ein über 60 Jahre alter Setra-Reisebus – heute ein Wohnmobil-Unikat oder auch ein fast 70 Jahre alter Allgair-Traktor, der immer noch zum Holzmachen im Wald eingesetzt wird. Aber auch historische Motorräder bekommen ganz besondere Plätze im Schloss, um sich zu präsentieren.

Ort/Region: Pöttmes bei Schrobenhausen · **Termin:** 1. Sonntag im Sept.
Parkmöglichkeit: am Ortsrand (ausgeschildert) · **Öffnungszeiten:** ab ca. 10 Uhr · **Tipp:** gleich zum (Weißwurst-)Frühstück kommen · **Weitere Infos:** http://oldtimerfreunde-poettmes.de

ZUR HOPFENERNTE IN DIE HALLERTAU

Bier und Motorradfahren – wie passt das zusammen? Nur, wenn das Bier alkoholfrei ist, werden Sie anmerken. Doch weit gefehlt! Ohne die Hallertau im Osten Oberbayerns gäbe es nicht nur keinen deutschen Biergenuss, es gäbe auch eine prächtige Tourenregion weniger.

Bayern und das Bier – das gehört untrennbar zusammen wie Topf und Deckel oder Kuchen und Sahne. Oder Moped und Freiheit. Oder Drehmoment und Vergnügen … Wir starten im Städtchen Wolnzach, einem der wichtigsten Umschlagplätze des Hallertauer Hopfens. Die Hallertau ist das größte zusammenhängende Hopfenanbaugebiet Deutschlands und produziert in guten Jahren – der Hopfen ist eine klimatisch extrem heikle Pflanze – bis zu zwei Drittel des Weltbedarfs. Würde die Hopfenproduktion der Hallertau eines Tages einbrechen, hätte das (kein Scherz!) gravierende Auswirkungen auf die weltweite Bierproduktion.

Wenn Sie diese Tour zur Hopfenernte im August und September fahren, erleben Sie eine höchst quirlige Landschaft mit meterhohen Hopfenfeldern und ganz besondere Erntetraktoren, die allerorten die Straßen und Wege mit Blattwerk und Hopfendolden »verzieren«, auf denen Sie nicht in Schräglage geraten sollten!

Kleinste Landstraßen sind natürlich unser Terrain: Über Geroldshausen, Weikenhausen und Billingsdorf geht es zunächst südwärts bis ins Tal der Amper. Dieser folgen wir einige Kilometer bis nach Haag an der Amper, dann geht es gen Norden über das bildhübsche Nandlstadt nach Au in der Hallertau. Der Ort besitzt zusammen mit nur 13 anderen Gemeinden der Hallertau das »Siegelrecht«, also das Recht, die Hopfenballen zu versiegeln und damit deren Qualität und Herkunft offiziell zu beurkunden … ein nicht zu unterschätzendes Privileg in Anbetracht der Tatsache, dass ungesiegelter Hopfen nahezu unverkäuflich ist.

Wir schlagen einen weiten Bogen über Pfeffenhausen nach Mainburg, werfen einen langen Blick hinein ins sehenswerte Abensberg (Tipp: der Kuchlbauer, das Unikat am Stadtplatz) und huschen am Nachmittag durch den Norden der Hallertau wieder retour zum Start. Gegen Ende der Erntezeit treffen Sie allerorten auf Hof- und Hopfenfeste, mit denen der Abschluss eines spannenden Hopfenjahres gefeiert wird. War das Wetter nicht zu warm und nicht zu kalt, nicht zu trocken und nicht zu feucht, ist die Erleichterung groß … und porentief zu spüren.

Start/Ziel: Wolnzach · **Streckenlänge:** 170 km · **Schwierigkeit:** einfach
Kurven: 276 · **Zeitaufwand:** ca. 4–5 Std. ohne Einkehr
Beste Tourenzeit: Anfang Mai bis Ende Okt., Hopfenernte zwischen Aug. und Sept.

Ohne den Hopfen gäbe es kein Bier – aber auch für Sozias Nerven ist er gut.

Frühling im Münchner Norden ist ein ganz besonderer Genuss.
Gekrönt mit dem Einkehrschwung in so manch lockenden Klosterbiergarten.

MARKT INDERSDORF – GENUSS-VOLLER MÜNCHNER NORDEN

Zwischen Markt Indersdorf und Schrobenhausen erwartet uns eine kurvenreiche Idylle, die geradezu prädestiniert scheint, um sie mit dem Motorrad zu erkunden – und das nicht nur zur Spargelernte! Hier kommt meine Lieblingsrunde im nördlichen Outback Münchens.

Vor allem an freien Sonntagen im Juli und August – also immer dann, wenn sich in den Alpen und Voralpen die Motorradfahrer stapeln – ist der Münchner Norden eines meiner Lieblingsreviere, um unbeschwerten und vor allem ungebremsten Kurvengenuss zu erleben. Er lässt sich ganz wunderbar mit leckeren Einkehrschwüngen garnieren, die so einen Tourentag perfekt abrunden.

Start und Ziel ist Markt Indersdorf – von hier aus geht es, wie so oft, über die Dörfer: nach Schwabhausen und Kleinberghofen, vorbei an Altomünster nach Aichach und dort, wenn Sie möchten, zu einem ersten koffeinhaltigen Boxenstopp (ein Tipp wäre hier das Café Koch am Stadtplatz), und dann immer weiter. An jeder Kreuzung empfiehlt es sich, einfach dem schönsten Ausblick zu folgen – meine Tourenlinie für dieses Kapitel ist daher kein absolutes Muss, sondern nur als Vorschlag zu verstehen. Via Schiltberg erreicht man schließlich das Spargelland um Schrobenhausen, wo die Erntezeit dieses köstlichen Gemüses, je nach Klima, um den 10. April herum beginnt. Übrigens: Über den Nährwert des zu 92 Prozent aus Wasser bestehenden weißen Spargels lässt sich heftig streiten, gesünder ist angeblich der seltenere grüne Spargel. Aber das soll uns nicht an der heutigen Kurvenhatz hindern.

Ein Stück an der Paar entlang (siehe Kapitel 26) geht es gen Hohenwart, dann Richtung Süden nach Pfaffenhofen an der Ilm und schließlich direkt in die herrliche Klosterschenke von Scheyern – dem Pflichttreff der Region. Da der Heimweg nach Markt Indersdorf nicht mehr allzu weit ist, können Sie sich alle Zeit der Welt lassen, um echten bayerischen Biergartenfreuden zu frönen. Schließlich sind auch die alkoholfreien Versionen in dieser Umgebung ein wahrer Genuss. Und für den abendlichen Biergenuss erwartet uns eine Vielzahl an Biergärten.

Start/Ziel: Markt Indersdorf · **Streckenlänge:** ca. 150 km · **Schwierigkeit:** einfach
Kurven: 249 · **Zeitaufwand:** ca. 3 Std. ohne Einkehr
Beste Jahreszeit: ganzjährig, sofern ohne Schnee und Eis

07 LAUSBUBEN-GESCHICHTEN IM DACHAUER LAND

Dachau und seine Geschichte sind leider zutiefst geprägt von den Gräueltaten der nationalsozialistischen Vergangenheit. Wie wohltuend es sein kann festzustellen, dass Dachau und seine Region heute viel Schönes zu bieten haben, werden Sie spätestens am Ende dieser Runde erfahren haben.

Wer kennt sie nicht, die Erzählungen des Ludwig Thoma. Von Tante Frieda, dem Jagerloisl, den Lausbubengeschichten und der Moral. Und mit seinem Aloisius, dem weltberühmten Münchner Dienstmann Nr. 172 im Himmel, hat er sich auch ein Denkmal weit über die Grenzen Deutschlands gesetzt. Doch wussten Sie auch, dass dieser humorvolle, lebensfrohe Ludwig Thoma ein waschechter Paragrafenreiter, sprich Rechtsanwalt aus Dachau war?

Beginnen wir den Tag mit einem Frühstück in wahrlich herrschaftlicher Umgebung: dem Schlosscafé zu Dachau hoch auf dem einstigen Giglberg – inklusive grandiosem Blick auf Stadt und Land. Uraltes, holpriges Kopfsteinpflaster führt uns anschließend durch die sich wie ein Pelzkragen um den Schlossberg schmiegende, sehenswerte Altstadt Dachaus hinunter. Über Herbertshausen, Ampermoching und Haimhausen schwingen wir nach Nordosten, ignorieren die verkehrsreiche B 13 und orientieren uns stattdessen an den kleinsten Wegweisern am Straßenrand. Die Strecke führt durch eine leicht hügelige Agrarlandschaft mit immer wieder weitem Horizont, geformt von den Flüssen Amper, Würm und Glonn. Über Weng und Gesseltshausen geht es zum Badeparadies Kranzberger See, dessen Seewirt mit Biergarten schon so manchen Biker – auch mich! – stundenlang von der eigentlichen Tourenplanung abgebracht hat. Erneut folgen wir den kleinen Wegweisern über Petershausen, Jetzendorf und Hilgertshausen nach Altomünster. Ein irisch-schottischer Einsiedler soll den Ort vor fast 1300 Jahren gegründet haben. Danke schön! Odelzhausen gönnt sich sogar ein Schloss mit eigenem Autobahnanschluss, konnte aber trotz allem Verkehrsgebraus sein historisches Ambiente weitestgehend bewahren – samt eigener Brauerei und Bräustüberl. Apropos Schloss: Bevor wir uns zum Sundowner auf dem Dachauer Schloss einfinden, sollten wir noch einen Blick nach Markt Indersdorf und dessen gleichnamigem Kloster werfen. Das mächtige Augustiner-Chorherrenstift aus dem Jahre 1120 ist toll, der schattige Klosterbiergarten nebenan aber der Hit, in dem an schönen Sommerabenden der Platz schon mal knapp werden kann.

Start/Ziel: Dachau, Schlossberg · **Streckenlänge:** ca. 150 km · **Schwierigkeit:** einfach
Kehren: 3 · **Kurven:** 160 · **Zeitaufwand:** ca. 3–4 Std. ohne Einkehr
Beste Tourenzeit: Anfang Mai bis Ende Okt.

Schauen Sie sich um in den Dörfern entlang des Wegs – es gibt viel zu entdecken.

Ein »blutjunger« Oldtimertreff – das gibt's heutzutage eher selten. Lohnt sich!

OLDTIMER-TREFFEN ODELZHAUSEN – EIN »NEWBIE«

2018 wurde dieses Oldtimer-Treffen zum ersten Mal veranstaltet und war gleich ein Erfolg. Oldie-Fans lieben eben die Kombination aus Treffen, Floh- und Jahrmarkt, aus Sehen und Gesehen werden und dem ein oder anderen echten Schnäppchen.

Im Jahr 2018 hatte Organisator Marcus Bübl die Idee, den traditionellen Jahr- und Flohmarkt in Odelzhausen noch attraktiver zu machen – und rief Oldtimer-Fahrer und -Freunde aus der gesamten Region zusammen. Über 50 Besitzer historischer Fahrzeuge – von Motorrädern über Traktoren bis hin zu Autos – folgten seinem Aufruf zum ersten Odelzhauser Oldtimer-Treff. 2019 soll nun die zweite Auflage folgen – und sogar ein waschechter DeLorean soll sich angekündigt haben, fahrbereit für eine Reise zurück in die Zukunft, wie es heißt. Na ja, zumindest den 30 Kilometer langen Oldtimer-Korso am Nachmittag wird er bestimmt ohne Probleme auf der Straße mitfahren, falls er nicht vorher in eine Falte des Raum-Zeit-Kontinuums oder in eine Sackgasse des Universums abbiegt. Sollte der DeLorean also plötzlich fehlen, wissen Sie schon mal, was geschehen ist. Und wer ihn begleiten möchte: Für einen Zehner Startgeld können Sie dabei sein, viel

Sehenswertes samt Fach- und Benzingesprächen sowie ein Paar Weißwürste mit einem Getränk inbegriffen. Na denn, auf geht's. Und nehmen Sie Ihre Papiere mit, falls Sie sich verlaufen und ausweisen müssen … wo auch immer.

Ort/Region: Odelzhausen, Marktplatz · **Termin:** Maria Himmelfahrt Mitte August
Attraktionen: Oldtimer-Treffen in Kombination mit einem Jahr- und Flohmarkt
Dresscode: kein offizieller, gerne passend zum Fahrzeug
Parkmöglichkeit: am Ortsrand (ausgeschildert)
Öffnungszeiten: ab 9 Uhr · **Tipp:** früh am Tag kommen und Zeit mitbringen
Weitere Infos: www.odelzhausen.de

09 HARLEY BIKER WEISSWURSTFRÜHSTÜCK

Eine amerikanische Kultmarke mit bayerischen Kultgenüssen zu kombinieren – die Idee ist so simpel wie genial. Und sie funktioniert prächtig, wie man an der inzwischen 24. Auflage des Biker Frühstücks in Odelzhausen erkennen kann.

Seit knapp einem Vierteljahrhundert findet das Harley Biker Weißwurstfrühstück statt, langjährig perfekt organisiert von den Wirtsleuten des Gasthofs Zur Sonne am Marktplatz von Odelzhausen. Zwischen 1500 und 2000 Biker – überwiegend, aber nicht nur HOGs – treffen sich Jahr für Jahr am 1. Mai vor der Sonne, um mit den Wirtsleuten Martina und Xaver Willibald, selbst »gebürtige« Harley-Fahrer – ein echt bayerisches Weißwurstfrühstück zu zelebrieren. Und vielleicht so manchen Besitzer japanischer Yoghurtbecher oder bajuwarischer Boxertechnik davon zu überzeugen, dass amerikanisches Altmetall nicht nur Kult ist, sondern auch Gastfreundschaft bedeutet. Dies umso mehr, als die Harley-Davidson-Bikes ja heftig unter den unsäglichen Handelskriegen zwischen den USA und der EU zu leiden haben. Ja, so manches Mal schon ist es mir tatsächlich durch den Kopf geschossen, allein deshalb eine Harley zu erwerben, damit die kultigste Kultmarke dieses Planeten nicht von der Bildfläche verschwindet. Ein herrliches Thema – auch für dieses Event hier.

Allerdings – und das bringt eine durchaus humorvolle Note in den angesagten Event – nicht bei vorhergesagt richtig grausigem Wetter, denn dann leiden das Chrom und der Glanz des Bikes womöglich. Dann bleiben die meisten HOGs wohl lieber daheim in der warmen Stube und das schöne Altmetall nebenan in der beheizten Garage. Wer sich also unsicher ist, ob das Wetter für diesen speziellen Event überhaupt geeignet ist, der ruft Willibald und Martina am besten vorher kurz an. Oder kommt mit allwettertauglichen Zweirädern zum Harley-Biker-Treffen (diesen Tipp haben Sie jetzt aber nicht von mir!).

Ort/Region: Gasthaus Zur Sonne, Odelzhausen, Marktplatz
Termin: 1. Mai · **Attraktionen:** Treffen der Harley-Davidson-Biker, das auch Fahrer anderer Marken nicht verpassen
Dresscode: ordentlich Chrom am Bike kann hier nicht schaden
Parkmöglichkeit: auf dem abgesperrten Marktplatz
Öffnungszeiten: ab 9 Uhr, ab 10 Uhr gibt es Weißwürste
Weitere Infos: www.gasthauszursonne.de

»Lecker« Mopeds und lecker Frühstück – eine sehr genüssliche Idee

Nicht nur Dachau selbst mit seiner Altstadt lohnen einen intensiven Rundgang, auch das Land drumherum ist ein »Leckerbissen«.

MIT SCHLOSSAMBIENTE: DER SCHÖNSTE PARKPLATZ VON DACHAU

Ein Parkplatz am Schloss kann grundsätzlich seine Wirkung nicht verfehlen – ganz besonders gilt das aber für den Parkplatz von Schloss Dachau – inklusive Frühstück nebenan, wenn Sie mögen. Inklusive echt historischem Ambiente.

Besonders gut kann ich mich noch an genüssliche Einkehrschwünge am Fuß des Dachauer Schlosses erinnern, als die dortige Brauerei am Schlossberg noch ihren zwar winzigen, aber urigen Biergarten in Betrieb hatte. 2009 war allerdings »Schicht im Schacht«, dieser auch unter Bikern beliebte Treff wurde geschlossen.

Das Hofgarten-Café oben im Schloss ist von deutlich gediegenerem Ambiente und vermutlich nicht jedermanns Sache. Der Treff nebenan, auf dem großen Parkplatz des Schlosses, hat sich seitdem aber etabliert, obwohl die Auffahrt über historisches Kopfsteinpflaster den Tod von so mancher lockeren Schraube bedeuten kann. Busse dürfen ebenfalls hinauf, was diesen Treff vor allem an Wochenenden beinahe anspruchsvoll werden lässt, zumindest fahrerisch, da nicht jeder Busfahrer in

engem »Gelände« rangieren kann. Wer nicht im Café einkehren möchte (das Frühstück mit Ambiente ist dort allerdings wirklich zu empfehlen), bringt sein Picknick am besten selbst mit.

Ort/Region: Schlossberg von Dachau, am Rand der Altstadt
Attraktionen: großer Parkplatz, grandiose Stadtansicht auf Dachau samt Sundowner, Schlosscafé zur Einkehr · **Parkmöglichkeit:** ausreichend
Öffnungszeiten/Besucherfrequenz: ganzjährig/gut besucht vor allem sonntagvormittags oder am Abend · **Weitere Infos:** www.schlossdachau.com

11 BMW WELT MÜNCHEN – ZUM NIEDERKNIEN!

Die BMW Welt in München ist nicht nur ein baulicher Leckerbissen ganz besonderer Art; sie ist natürlich auch ein Muss für alle Fans des bayerischen Fahrzeugbauers. Explizit auch die der bayerischen Einspurfahrzeuge – sprich Motorräder.

Die BMW Welt in München ist eine perfekte Kombination aus Erlebnis- und Auslieferungszentrum. Sie begeistert durch ihre unverwechselbare, futuristische Architektur und ein breites Angebot an Ausstellungen und Veranstaltungen. Ein einzigartiger Bereich ist die individuelle und persönlich gestaltete Automobilauslieferung. Rund 15 000 neue BMW-Automobile werden hier pro Jahr an ihre neuen Besitzer übergeben. Neben der exklusiven Präsentation aktueller Automobilbaureihen und Motorräder vermitteln interaktive Exponate Einblicke in Innovationen, Entwicklung, Design und Produktion. Hier kann man die Marke BMW mit allen Sinnen erleben – ganz besonders auch die Motorrad- und vor allem einzigartige Boxermotor-Geschichte. Die kommt zwar einigen motorradbegeisterten Besuchern in der BMW Welt ein wenig zu kurz, ist aber dennoch eine absolut sehenswerte Ausstellung. Und so ein langer Blick in die Geschichte bajuwarischer Autoproduktion ist zudem sehr interessant. Ganz abgesehen vom imposanten Bauwerk an sich. Und nach dem Besuch lockt gleich nebenan der berühmte Olympiapark mit herrlichen Pausenplätzen, leckerer Gastronomie allerorten oder der atemberaubenden Aussicht von ganz hoch oben aus dem Restaurant des Olympiaturms. Die BMW Welt und der »Oly«-Park sind die perfekte Kombination, um ein ganzes München-Wochenende randvoll mit Erlebnissen zu füllen.

Übrigens – mein Tipp dazu: München selbst kommt ja noch ein paar Mal vor in diesem Buch. Spendieren Sie sich und der besten Sozia doch eine ganze Woche in einer der grünsten Städte Deutschlands. Zum Beispiel im Frühling, der in München und seinen Biergärten atemberaubend schön ist.

Ort/Region: München, Am Olympiapark 1, Tel. 089/125 01 60 01
Attraktionen: faszinierende BMW-Geschichte auf zwei und vier Rädern, multimedial und original präsentiert · **Parkmöglichkeit:** Parkhaus direkt am Museum
Öffnungszeiten: Gebäude, Parkhaus: Mo bis Sa 7.30 bis 24 Uhr, So 9 bis 24 Uhr; Museum und Shop: täglich 10 bis 18 Uhr, Mo Ruhetag
Weitere Infos: www.bmw-welt.com

Motorradfahrers Mekka: Die einzigartige BMW Welt in München präsentiert neben
der Auto- auch die erfolgsverwöhnte bajuwarische Zweirad-Geschichte.

Architektonisch eher nüchtern und funktional, aber »inhaltlich« ist das
BMW Motorrad Zentrum der Nabel der boxertourenden Zweiradwelt.

BMW MOTORRAD ZENTRUM MÜNCHEN – EINMAL WÖCHENTLICH

Das BMW Motorrad Zentrum am Frankfurter Ring war und ist an vielen Samstagen fast so etwas wie mein zweites Zuhause – nicht immer nur zum Schauen. Denn hier gibt es nicht nur komplette Bikes, sondern auch alles Zubehör, das man sich wünscht.

Bereits als ich noch Honda fuhr, gehörte der Samstagvormittag im BMW Motorrad Zentrum am Frankfurter Ring in München zu meinen absoluten Lieblingsbeschäftigungen, sofern ich keine Mopedtour geplant hatte. Letztendlich glaube ich sogar, dass mich die im Obergeschoss befindliche Ausstellung Hunderter guter gebrauchter Boxerträume ebenso »angefixt« hat wie die seitens BMW für Fotoproduktionen immer wieder gerne zur Verfügung gestellten Pressemaschinen. Ich verbrachte Stunden damit, die Mopeds im Detail zu betrachten, darauf Probe zu sitzen und technische Daten zu vergleichen, Modelle auszusortieren und schließlich andere ganz oben auf meinen Wunschzettel zu setzen.

Mehr als einmal stand ich beim Rundgang durch das Motorradzentrum kurz davor, einen Kaufvertrag zu unterschreiben – ja, ich gebe es zu. Jahre später, selbst als stolzer GS-Besitzer, gehörte der Besuch im Zentrum immer noch zu meinen Lieblingszielen in München. Schließlich gab es hier unglaublich viel Inspiration, das eigene Bike zu pimpen. Mit Details und Teilen, die entweder gleich nebenan oder nur einen Stock tiefer dann auch erworben werden konnten. Denn man kann hier nicht nur schauen, sondern explizit auch kaufen. Deshalb hier mein »Warnhinweis«: Sollten Sie definitiv NICHT planen, ein BMW-Motorrad zu besitzen, meiden Sie dieses Zentrum am Frankfurter Ring. Ihr BMW-freies Weltbild wird ansonsten aus den Fugen geraten. Mich haben die vielen Besuche dort unzweifelhaft »angefixt«.

Ort/Region: München, Frankfurter Ring 29, Tel. 089/35 35-180
Attraktionen: BMW-Neu- und Gebraucht-Motorräder samt Zubehör, Ersatzteillager und technische Beratung · **Parkmöglichkeit:** direkt am Zentrum
Öffnungszeiten: März bis Sept. Mo bis Fr 7 bis 18.30 Uhr, Sa 9 bis 15 Uhr; Okt. bis Feb. Mo bis Fr 8 bis 18 Uhr, Sa 10 bis 14 Uhr
Tipp: Wenn Sie nichts kaufen wollen, machen Sie einfach einen Bogen um die hier gar nicht aufdringlichen Verkäufer und genießen Sie alles in Ruhe
Weitere Infos: www.muenchen.bmw-motorrad.de

VON SCHUTZHÜLLEN UND WERKSTATTTERMINEN

Was ich noch erzählen wollte: Laternenparken ist in München vielerorts möglich (und im Winter im Übrigen für viele von uns die einzige Möglichkeit). Allerdings sollten Sie das nicht mit baumwollenen Überzügen praktizieren!

1993, in meinem ersten Winter als stolzer Biker und Besitzer eines Mopeds, kam die Frage: Wohin mit der treuen Transalp? Ich wohnte im schönen München-Laim, wo Garagen Mangelware oder ziemlich teuer waren. Aber der Gehweg vor dem Haus war breiter als die Seitenstraße, in der ich wohnte, und so beschloss ich, die Honda auch im Winter einfach dort zu parken, wo sie sich sommers wohlfühlte – mit Bremsscheibenschloss gesichert und einer hautengen Baumwoll-Schutzhülle aus dem Baumarkt, angeblich regenfest imprägniert und mit knapp zehn D-Mark ungeahnt günstig zugedeckt. Der Schnee kam und taute, kam neu und taute wieder … und ich wunderte mich ab und zu, wie »hauteng« sich die Schutzhülle um das Moped zu schmiegen begann. Konturen der Verkleidung wurden nachgebildet, Details des Motors waren fühlbar und rund um Vorder- sowie Hinterreifen hatte der Wind sogar die Baumarkt-Profi-Motorradhülle durch die Felgenzwischenräume gedrückt.

Frei von bösen Gedanken blieb ich exakt bis zu dem Tag, als mein FHH – mein freundlicher Honda-Händler – die Transalp vereinbarungsgemäß für eine fällige Inspektion samt TÜV abholen ließ. Nach einer weiteren Nacht mit deutlichen Minusgraden im knapp zweistelligen Bereich hatte sich die mit Schmelzwasser und Feuchtigkeit vollgesogene Baumwoll-Profi-Motorradhülle derart fest um Motorrad und Anbauteile gelegt, dass es unmöglich war, sie am Stück (oder meinetwegen selbst in Fetzen) zumindest so weit zu entfernen, dass die Honda in den leicht beheizten Werkstatttransporter hätte geschoben werden können. Die FHH-Profis lachten sich zunächst schlapp, doch mein Vorschlag – ich war eben noch ein Moped-Greenhorn! –, das Moped mit ein, zwei Eimern heißen Wassers zu befreien, erzeugte jedoch schlagartig Panik in ihren Blicken sowie ein einstimmiges »Spinnst jetzt direkt, Studti?«. Also entschieden wir, den Termin zu canceln, die unnötige An- samt Rückfahrt für pauschal 50 D-Mark in Rechnung zu stellen und auf einen warmen Tag im Januar zu warten. Für einen neuen Werkstatttermin – sollte der denn dann gerade frei sein.

Seit damals überwintern meine Mopeds in den Straßen Münchens nur noch geschützt durch eine satte Schicht Wachsspray – meine ultimative Empfehlung für jeden Laternenparker.

Eine Legende, die beinahe für immer von der Bildfläche verschwunden wäre.
Heute lebt sie unter neuem Namen weiter.

EINE LEGENDE:
DAS FLUGWERK FELDKIRCHEN

Eine Traditionswirtschaft zugrunde zu richten, ist leicht. Sie dann zu übernehmen und ihr zu neuem Glanz zu verhelfen, hingegen ein erlebenswertes Meisterstück und wunderbar gelungen beim Ex-Fliegerbräu, das heute als Flugwerk in Feldkirchen Furore macht. Nicht nur für Piloten ein erlebenswerter »Landeplatz«.

Es war nicht nur legendär, sondern Kult, wenn pünktlich um Mitternacht die Lichter im Gastraum gedimmt wurden, der Wirt das Lied »Flieger, grüß mir die Sonne« abspielte und alle Gäste, mitgrölend, Papierflieger Richtung Tresen auf den Weg schickten. Eine simple, stimmungsvolle Aktion, die das Fliegerbräu bayernweit berühmt und das einzigartige Lokal samt Biergarten auch zu einem Treff speziell für Motorradfahrer machte, die sich hier in der Regel abends nach der Tour zu einem stimmungsvollen Tagesausklang zusammenfanden.

Das alles ist Geschichte, und beinahe wäre das auch von »normalen« Menschen viel besuchte Lokal in Feldkirchen endgültig in der Versenkung verschwunden. Schlechter Service und eine lieblose Kulinarik »arbeiteten« deutlich in diese Richtung. Erst ein Pächter- und Namenswechsel im Jahr 2016 – und damit vermutlich wohl in allerletzter Minute – brachte neuen Schwung in das Traditionswirtshaus, das jetzt Flugwerk heißt und wo in der hauseigenen Brauerei die äußerst leckere »Flugwerk Weiße« gebraut wird – allerdings nur mit biertypisch ordentlicher Drehzahl. Seitdem kommen Stammgäste und Biker wieder gerne. Die Wahrscheinlichkeit, dass wir uns dort einmal sehen, ist hoch …

Ort/Region: Zentrum von Feldkirchen, Sonnenstraße
Attraktionen: selbst gebrautes Weißbier (und andere Biersorten), gute bayerische Küche, auch Mittagstisch · **Parkmöglichkeit:** begrenzte Anzahl im Hof und auf der Straße
Öffnungszeiten/Besucherfrequenz: täglich ab 11 Uhr/an den Wochenenden kann es nach der Tour voll werden
Weitere Infos: https://flugwerk-feldkirchen.de

HOTSPOT-HOPPING –
MÜNCHEN MIT DEM MOTORRAD?

Natürlich ist der Verkehr in und nahe der bayerischen Metropole München wochentags definitiv kein Vergnügen, aber selbst Hotspots wie Schwabing können mit dem Motorrad einfacher erkundet werden als mit jedem anderen Fahrzeug … das Fahrrad ausgenommen.

München ist bekanntlich eine sehr beliebte Universitätsstadt – und das hat zur Folge, dass vor allem an den einzelnen Uni-Standorten entweder offizielle oder aber geduldete Abstellplätze für Roller und Motorräder existieren. Und das bedeutet: auch für uns – meinem Moped sieht man nämlich nicht an, ob oder was ich gerade studiere. Wichtig ist dabei nur, dass wir weder Fuß- noch Radwege oder gar Kreuzungen einschränken beziehungsweise blockieren. Solange das nicht geschieht, ist alles gut.

Beginnen Sie Ihre München-Exkursion am besten am einzigartigen Stachus (auch dort gibt es einen inoffiziellen Motorradparkplatz) mit einem Rundgang durch die Fußgängerzone. Über die sich nördlich anschließende Ludwigstraße erreichen wir dann Schwabing. Es bietet zwar deutlich weniger Raum für das Abstellen eines Motorrads, aber in den Seitenstraßen kann man eigentlich immer noch ein Plätzchen finden – sogar am Szenetreff Seehaus im Englischen Garten direkt am Mittleren Ring. Der Biergarten am Seeufer ist ein Pflichttermin Münchens. Wer es gemütlicher (und wohl auch echter) mag, programmiert den Biergarten Aumeister im nördlichen Teil des Englischen Gartens ins Navi.

Danach wenden wir uns Richtung Münchner Süden. In Thalkirchen (Wegweiser Tierpark) erwarten uns die Isarauen. Da ich dort zehn Jahre lang mein Büro hatte, gehörte der Alte Wirt von Thalkirchen in der Fraunbergstraße zu meinen Lieblingsbiergärten nicht nur für »Geschäftstermine«. Ebenfalls empfehlenswert ist nur wenige Kilometer weiter in Großhesselohe hoch über der Isar die »WaWi«, die Waldwirtschaft, der Kultbiergarten im Münchner Raum und ein heißer Favorit für einen genüsslichen Sonntagvormittag (siehe Kapitel 18).

Start/Ziel: München Stachus (Karlsplatz) · **Streckenlänge:** ab 40 km · **Schwierigkeit:** einfach
Kurven: 67 · **Zeitaufwand:** ca. 1 Std. ohne Einkehr oder Sightseeing
Beste Jahreszeit: So von April bis Juni und von Sept. bis Okt.

Der Mittelpunkt der schönsten Stadt Deutschlands – der Stachus in München.
Und die Anreise über kleinste Landstraße versöhnt für die Hektik der Innenstadt.

Ganz gleich, ob mit einer oder hunderten von Pferdestärken – das Gautinger Land ist ein Noch-Geheimtipp für den tourenden Genießer unter uns.

Es gibt Lebensabschnittsgefährtinnen, an die erinnere ich mich gerne. Nicht nur, weil sie ein Sonnenschein in Person waren, sondern auch, weil sie mich in Landschaften führten, die nicht minder erinnerungswürdig sind.

Eine meiner längsten Beziehungen hatte ich zu einer Zeit, als ich noch Bankbeamter mit Anzug und Krawatte war und Gleitschirmfliegen meine Freizeit, ja, mein Leben prägte. Sie war Reiterin mit Leib und Seele und im Besitz einer vierbeinigen bildhübschen Reitbeteiligung in einem Reitstall nahe Gauting. Da ich Pferde mag und meine Gefährtin liebte, begleitete ich sie oft zum Reiten, auch wenn mein einziger Eigenversuch nach wenigen Minuten im Staub des Hallenbodens endete. So aber lernte ich das Gautinger Umland kennen und schätzen. Und kurz nachdem ich den Mopedführerschein samt gebrauchter Honda Transalp erworben hatte, gehörte dieser so unspektakuläre Landstrich zu meinen absoluten Lieblings-Feierabendstrecken (damals leider schon ohne jenes Mädel, das mir diese Schönheit gezeigt hatte).

Gerne erinnere ich mich heute noch daran, an sommerlichen Feierabendstunden im Mopedsattel auf winzigen Pisten gefahren und über so manchen Feldweg gehuscht zu sein – mit pflichtgemäß reduzierten 34 PS und dennoch im Rausch der Schräglage.

Die GPS-Daten dieses Buches geben Ihnen einen guten Eindruck vom fahrerischen Genuss des Gautinger Landes. Sie starten und enden in München-Laim, einem sehr lebenswerten Teil der Stadt. Und sie haben als kulinarischen Höhepunkt einen Schlossbesuch der ganz besonderen Art: den Einkehrschwung im Schlossbiergarten von Leutstetten im Norden Starnbergs (siehe Kapitel 22). Eine Einkehr natürlich mit Apfelschorle als Flüssignahrung, dafür aber ungezählten Spare-Ribs, Schweinsbraten mit Knödeln oder gar ganzen Haxn als Sättigungsbeilage. Tja, es war eine herrliche Zeit, in der ich nicht einmal auf meine Figur achten musste ... Übrigens – ein Tipp für Single-Biker: Auf Reiterhöfen herrscht sehr oft Männermangel. Einfach mal umschauen.

Start/Ziel: München-Laim · **Streckenlänge:** ca. 100 km · **Schwierigkeit:** einfach
Kurven: 188 · **Zeitaufwand:** ca. 2 Std. ohne Einkehr
Beste Tourenzeit: ganzjährig, der Schlossbiergarten hat im Winter einige Wochen geschlossen

WIRTSHAUS SIEBENBRUNN – WUNDERBAR NAH

Ein Wirtshaus mit langer Tradition und schattigem Biergarten ganz in der Nähe zu haben, ist definitiv ein Privileg. Eines, das wir genießen sollten. Und zwar täglich nicht nur am Feierabend. Auch der Mittagstisch unter alten Kastanien kann überzeugen …

14 Jahre lang trennten mich nur gut zwei Kilometer Wegstrecke vom Wirtshaus Siebenbrunn, wenn ich meine Wohnung in Harlaching verließ. Vom Büro am Flaucher aus waren es sogar nur 500 Meter. Unzählige Male – wenn auch meist ohne Moped – haben wir dort anstrengende Arbeitstage oder sonnige Sonntage ausklingen lassen, unter mächtigen Kastanien, auf massiven typischen Holzbänken und mit allen Leckereien, die einen typisch bayerischen Biergartenbesuch würzen. Und dabei haben wir auch die durchaus wechselvolle Geschichte des Traditionsbiergartens miterlebt.

Schon einige Male stand er wohl vor dem Aus, wollte im Frühjahr gar nicht mehr öffnen oder fand kein Personal für den Außenbereich. All das scheint nun aber Vergangenheit zu sein, inzwischen scheint alles wieder gut zu laufen und er wird mit seinem typischen Biergarten-Angebot an Speis und Trank nicht nur von mir empfohlen. Speziell Münchner Biker mit und ohne Motor lieben und besuchen die Wirtschaft regelmäßig. An den Ferienwochenenden im Sommer herrscht hier allerdings –auch bedingt durch den angrenzenden Tierpark – Chaos pur. Teilweise sogar derart, dass wir selbst zu Fuß einen großen Bogen um das gesamte Gebiet machen. Aber für diese Handvoll Tage im Jahr gibt es ja noch genügend weitere Empfehlungen, die Sie alternativ ausprobieren können.

Nur eines sollten Sie an jenen Tagen, an denen der gesamte Bereich den Verkehrsinfarkt erleidet, nicht tun: die angrenzenden Nebenstraßen endgültig kreuz und quer zuparken. Als Ex-Anwohner weiß ich um den großen Groll, den wir damit bei den Menschen unnötigerweise hervorrufen.

Ort/Region: München-Harlaching, direkt am Tierpark
Attraktionen: bayerischer Biergarten samt Restaurant, fernab aller Großstadt-Hektik
Parkmöglichkeit: gekiester Parkplatz sowie Nebenstraßen
Öffnungszeiten/Besucherfrequenz: täglich ab 11 Uhr/gut besucht freitagabends als Wochenabschluss sowie sonntagvormittags vor einer Tour
Weitere Infos: https://gasthaus-siebenbrunn.de

Direkt zwischen Flaucher und Tierpark am herrlichen Isarstrand empfängt
das Wirtshaus Siebenbrunn auch Motorradfahrer gerne zur Einkehr.

Die WaWi – der Kultbiergarten im Münchner Westen. Ob mit oder ohne Musik, es ist einfach nur schön, dass es sie auch heute noch gibt.

DIE WAWI LÄSST SICH NICHT UNTERKRIEGEN

Dies ist eine Geschichte, die – wäre sie nicht bitterböse wahr – ein herrliches Märchen sein könnte. Eine Mär von Gut und Böse, von Freund und Feind, von purer Lebensfreude und schierem Lebensneid. Und von der beinahen Machtlosigkeit bayerischer Richter, wenn es Mitmenschen rein um Paragraphen-Reiterei geht.

Da liegt ein Traditionsgasthaus in einzigartiger Lage direkt am Isar-Hochufer, wird vom Publikum – Einheimischen wie Touristen – von Herzen geliebt, gibt sich richtig Mühe, uns perfekt zu bewirten … dann zieht jemand in die unmittelbare Nachbarschaft und beginnt, die Wirtsleute mit existenzbedrohenden Klagen zu überziehen, und gibt nicht eher auf, bis bayerische Gerichte seinem Betreiben einen klaren Riegel vorschieben. So geschehen vor Jahren um die berühmte Waldwirtschaft in Großhesselohe …

Es ist erfreulich und stärkt das Gefühl, doch noch in einem Rechtsstaat zu leben, dass selbst massive Bestrebungen und Klagen spaßbefreiter, spät hinzugezogener Anwohner diesen Traditionsbiergarten nicht zu Fall bringen konnten. Zwar musste sich der Biergarten per Gerichtsbeschluss in den letzten Jahren im Außenbereich dramatisch bis an die Wirtschaftlichkeitsgrenze verkleinern, doch seine Wirtsleute geben nicht auf. Und das mithilfe reger Unterstützung von Tausenden Fans aus allen Ecken Bayerns, die ihre »WaWi« hochleben lassen. Biker treffen sich hier gerne am Sonntagmorgen zum Frühstück samt Livemusik mit anschließender kleiner Runde über die Dörfer. An sie gerichtet ist folgende Bitte der Wirtsleute: Bitte unbedingt die Parkplatzbeschilderungen beachten, damit diverse Anwohner keinen weiteren Grund finden, unsere WaWi mit Klagen zu überziehen. Denn das aktuelle rechtliche Gefüge für den Betrieb der WaWi ist fragil und wir alle wollen ihr doch keinen Ärger machen.

Ort/Region: Großhesselohe, direkt am Isarhochufer
Attraktionen: historischer Biergarten mit Livemusik am Wochenende
Parkmöglichkeit: nur begrenzt, da »zuagroaste« Anwohner seit Jahren massiv dagegen vorgehen
Öffnungszeiten/Besucherfrequenz: täglich ab 10 Uhr/gut besucht am Wochenende, vor allem zum Sonntagsfrühstück vor der Tour
Weitere Infos: http://waldwirtschaft.de

19 DER BRÜCKENWIRT IN GRÜNWALD – BITTE NICHT ÜBERSEHEN!

Hoch droben der eilende Verkehr, gleich nebenan die rauschende Isar – dieser Treff liegt optisch im Abseits. Deshalb sollten Sie den Blinker frühzeitig setzen. Eine – zugegeben – eher winzige Beschilderung hilft Ihnen zumindest bei der groben Orientierung.

Seit 1905 existiert an dieser einzigartigen Stelle am Isarufer eine Schankwirtschaft; in den 1950ern war der »Zissel«, wie sein Besitzer damals hieß, sogar eine Münchner Berühmtheit, bei der die damalige High-Society ein- und ausging. Wenn er sie denn hineinließ in seine »gute Stube«, denn launisch soll er gewesen sein, der Zissel.

Auch heute lebt in diesem echt bayerischen Wirtshaus viel authentische Tradition. Sogar die berühmten Isarflößer legen hier ab und an eine Pause ein, falls die Strömung, vor allem aber ihr Zeitplan es erlauben. Und für Radler auf dem herrlichen Isar-Radweg ist die Rast beim Brückenwirt heutzutage ohnehin ein Pflichttermin. Doch auch für Motorradfahrer – zumindest diejenigen, die sich auskennen. Denn das Wirtshaus ist eigentlich nur aus Richtung Grünwald kommend rechtzeitig zu erkennen, die Beschilderung aus Richtung Pullach hingegen ist leicht zu übersehen. Wenn Sie, von Pullach kommend, suchend auf die Grünwalder Brücke fahren und nicht fündig wurden, haben Sie die Zufahrt verpasst und müssen am anderen Brückenende wenden.

Auch das Münchner Volkstheater »Lampenfieber« tritt in diesem oberbayerischen Wirtshaus regelmäßig auf. Die eigens eingerichtete Bühne des Wirtshauses lädt dazu ein, bayerische Volkstheaterkunst vom Feinsten aufzuführen. Kenntnisse der Gäste in der bayerischen Muttersprache sind dabei recht hilfreich, um das Ambiente, die Mixtur aus echtem bayerischem Volkstheater und historischem Traditions-Biergarten genießen zu können. Eine perfektere bayerische Traumkombination werden Sie – zumindest rund um Grünwald – nicht finden.

Ort/Region: direkt an der Isar unter der Grünwalder Brücke in Pullach
Attraktionen: gute bayerische Küche im Wirtshaus mit Biergarten, Volkstheater
Parkmöglichkeit: reichlich, am Wochenende im Sommer dennoch recht voll
Öffnungszeiten/Besucherfrequenz: täglich ab 10 Uhr/Sa oder So nach der Tour sehr voll
Weitere Infos: www.brueckenwirt.de

Apropos Musik: die gibt's beim Brückenwirt natürlich auch fast täglich.

Durch mächtig viel frischen Wald surfen wir im Hofoldinger Forst.

HOFOLDINGER FORST – FAST WIE EIN WANDERTAG!

Keine Angst, wir werden heute keine 90 Kilometer zu Fuß zurücklegen. Und auch nicht nur offroad unterwegs sein. Der Hofoldinger Forst ist das Synonym für eine kurzweilige Mopedtour im Süden Münchens – in einer Region, die selbst von »Onkel Google« erst kürzlich entdeckt wurde.

Wir starten und beenden diese kleine, auch feierabendtaugliche Runde natürlich im Ort Hofolding, der dem Forst einstmals seinen Namen gab. Oder war es vielleicht umgekehrt? Der Hofoldinger Forst benennt eine 27 Quadratkilometer große Landschaft reich an Wäldern, Hölzern, Lichtungen und weiten Ebenen, gekrönt von beschaulichen Weilern, Gehöften und Orten und vernetzt durch ordentlich ausgebaute, wenngleich mindestens vierstellig nummerierte Landstraßen. Also jene besonders kleinen, kurvenreichen und kaum befahrenen Pisten. Selbst die morgendliche Rushhour des Münchner Speckgürtels geht deshalb am Hofoldinger Forst nahezu komplett vorbei. Sie findet auf der angrenzenden A 8 und der B 304 statt.

Lassen Sie uns eine ausgiebige Runde über Land genießen: über Faistenhaar und Kleinkarolinenfeld, Valley und Sonderdilching nach Feldkirchen-Westerham. Der dortige Kulttreff Fliegerbräu heißt seit einiger Zeit Flugwerk (siehe Kapitel 14), für eine Einkehr ist es aber wohl noch etwas zu früh. Oder?

Ein Selfie am Ortsschild von Pups (!) muss allerdings sein – und schon huschen wir über Kleinhelfendorf nach Großhelfendorf ins sehenswerte Glonn. Wenn Sie jetzt Lust auf einen kulinarischen Boxenstopp verspüren, sollten Sie das Wirtshaus an der Wiesmühle in der Reisenthalstraße ansteuern. Danach gönnen wir uns noch eine letzte Portion Landleben und kurven über Nieder- nach Oberpframmern, weiter nach Zornding und Harthausen und kommen irgendwann vollkommen tiefenentspannt wieder nach Hofolding. Und da die Tour mit 90 Kilometern überschaubar kurz ist, dürfen Sie auch alle Biergärten entlang des Weges »antesten«. Das nenne ich das Leben zu genießen …

Start/Ziel: Hofolding · **Streckenlänge:** ca. 90 km · **Schwierigkeit:** einfach
Kurven: 166 · **Zeitaufwand:** ca. 2 Std. ohne Einkehr
Beste Jahreszeit: ganzjährig

Etwas außerhalb des Themas, aber immer ein Foto wert: der Weiler Pups.

DAS KLOSTERBRÄU STÜBERL IN SCHÄFTLARN

Wer bremst, verliert, heißt es doch so schön. Wer in Schäftlarn NICHT bremst, verliert viel mehr, das können Sie mir glauben. Denn zum einen gibt es ein interessantes Klosterleben zu beschnuppern, zum anderen gleich gegenüber einen herrlichen Biergarten.

Der Klosterbiergarten zu Schäftlarn gehört zu den bayerischen »Perlen«, deren Schönheit sich erst auf den zweiten Blick erschließt. Wie oft bin ich anfänglich dort vorbeigerauscht, ohne zu halten. Zu schlicht und wenig einladend erschien mir der Anblick von der Straße aus. Gleich nach der ersten Einkehr allerdings – ein Freund hatte Schäftlarn als Treff vorgeschlagen – habe ich mich bei jedem neuen Besuch für diese Voreingenommenheit entschuldigt. Und zwar ausdrücklich! Denn der Klosterbiergarten zu Schäftlarn mag zwar einfach und schlicht aussehen, das Angebot ist es nicht: Die bayerischen Speisen sind lecker, das Bier ist süffig und die Preise sind vergleichsweise moderat. Also bleiben Sie stehen, wann immer möglich!

Das Kloster selbst wurde übrigens schon 762 von dem Spross einer fränkischen Adelsfamilie gegründet. Der Benediktiner besaß den Grund und Boden – damals noch Pippinsbach genannt – und legte damit den Grundstein für alle heutigen Aktivitäten und Genüsse. Die Benediktiner erhielten die Anlage nach der Säkularisation wieder zurück und betreiben heute neben Forstwirtschaft auch ein (leider schlagzeilenträchtiges) Privatgymnasium mit Internat. Zudem werden Bienen gezüchtet, Honig wird produziert und Schnaps gebrannt. Wenn ich mir vorstelle, in einem Gymnasium mit angrenzendem Biergarten sowie Schnapsbrennerei meine Schuljahre verbracht zu haben, bin ich nicht sicher, ob ich das Abitur jemals geschafft hätte … Dies umso mehr, als mich die umliegenden Hügelwelten sicherlich viel früher zum exzessiven Motorradfahren motiviert hätten, als ich es mir in meinem Leben tatsächlich gegönnt habe. Bin ich doch erst im »zarten« Alter von 35 Jahren auf diese grandiose Idee gekommen.

Ort/Region: Zentrum der Klosteranlage zu Schäftlarn
Attraktionen: gute bayerische Biergarten-Tradition zu vernünftigen Preisen
Parkmöglichkeit: direkt am Biergarten und gegenüber auf der Straße
Öffnungszeiten/Besucherfrequenz: täglich ab 10 Uhr/unter der Woche/
vor allem Do und Fr an Sommerabenden sowie sonntagmorgens gut besucht
Weitere Infos: www.abtei-schaeftlarn.de

Ein Internat gleich neben einem Biergarten – also ich weiß nicht, ob das die Noten pusht.

So einsehbar wohl nur im Winter: Schloss Leutstetten mit Biergarten
Unter Besitzern historischer »Dosen« ist die Rallye ein fester Termin.

BIERGARTEN LEUTSTETTEN – MEHR BRAUCHT MAN NICHT

Das prächtige Schloss Leutstetten sowie der gegenüberliegende Schloss-Biergarten gehören keinem Geringeren als Prinz Luitpold von Bayern. Das macht aber nix, denn das Biergarten-Ambiente ist weder verstaubt noch versnobt, sondern urig-traditionell mit Kultpotenzial. Und für mich DER Treffpunkt, wenn sich wenige Kilometer weiter im Fünf-Seen-Land mal wieder Reisebusse und Touristen stapeln, denn dann geht es hier im Würmtal immer noch vergleichsweise beschaulich zu. Das gilt ganz besonders auch für den Klosterbiergarten.

Ort/Region: Leutstetten, nördlich von Starnberg im idyllischen Würmtal
Attraktionen: beste bayerische Wirtshausküche, süffiges Bier, im Sommer prächtiger Schatten
Parkmöglichkeit: sehr begrenzt, recht steile Zufahrt, besser unten an der Straße parken
Öffnungszeiten: täglich ab 10 Uhr, Mo/Di Ruhetag
Weitere Infos: www.hs-gaststaetten.de

10-SEEN-CLASSIC-RALLYE – MOTORRADFAHRER

Die 10-Seen-Classic-Rallye richtet sich in erster Linie an die Besitzer klassischer Fahrzeuge, die vor Jahrgang 1992 gebaut wurden. Im recht heftigen Nenngeld sind neben den üblichen Dingen wie Startgeld, Roadbook und Startnummerntafel auch die Einkehr zu Mittag samt Getränken, eine Kaffeepause sowie das Buffet der Abendveranstaltung enthalten. Das Teilnehmerfeld ist allerdings auf 120 Fahrzeuge begrenzt. Biker, die Lust an einer Teilnahme mit passendem Fahrzeug haben, sollten sich also stets rasch entscheiden. Alle Details dazu und die Anmeldung finden Sie auf der Webseite des Veranstalters.

Ort/Region: Germering westlich von München sowie angrenzendes Voralpenland
Termin: Mitte Okt. zum Saisonausklang der Oldtimer
Parkmöglichkeit: begrenzt, da der Zieleinlauf in Germering auf den gleichzeitig stattfindenden Marktsonntag fällt
Weitere Infos: www.pascal-kapp.de/rallye/10seenclassicrallye

FFB – EINE RUNDE MACHT SCHLUSS MIT VORURTEILEN

In der sehenswerten Kreisstadt im Westen Münchens, ehemals im Besitz der Wittelsbacher, verschmilzt ein quicklebendiger Alltag mit den Resten jahrhundertealter Traditionen zu einer wunderbaren Melange. Nehmen Sie sich ein wenig Zeit und schauen Sie sich um. Es lohnt sich.

Wer in Fürstenfeldbruck (kurz FFB) lebt, kennt so manch »kreative Übersetzung« der drei Buchstaben des Kfz-Kennzeichens (auch auf dem Motorrad) wohl aus eigener leidvoller Erfahrung: »Fahrer fährt bescheuert« ist noch eine der harmlosesten, »fünf Flaschen Bier« wohl eine der lustigsten. Woher diese durchweg negativen Wortspielereien kommen, ist nicht nachvollziehbar; sicher ist nur: Einen erkennbaren Grund dafür gibt es wahrlich nicht, wie Sie selbst jederzeit »erfahren« können.

Für unsere heutige Runde starten wir am gewaltigen Bau des einstigen Zisterzienserklosters Fürstenfeld und durchqueren sodann schnurstracks die quirlige Altstadt. Hübsch restaurierte Bürgerhäuser entlang der Amper bilden einen prächtigen Kontrast zum idyllischen Pucher See, und eine Vielzahl an netten Biergärten prägt das Gesicht von Fürstenfeldbruck. Wer vorher (oder aber im Anschluss an die Tour) einkehren möchte: Das historische Klosterstüberl direkt am Kloster Fürstenfeld mit original bayerischer Küche und frisch gezapftem bayerischem Bier ist dafür bestens geeignet.

Meine Lieblingsrunde führt einmal im Uhrzeigersinn durch das Hinterland: Über Schöngeising und Landsberied geht es weiter nach Moorenweis, Mittelstetten und Eurasburg und wieder retour gen Süden. Wir erreichen Weyhern, Unterschweinbach und Wenigmünchen – ja, der Ort heißt tatsächlich so! – und schlagen einen letzten Bogen über Olching Richtung Maisach, bevor wir ins Herz von Fürstenfeldbruck zurückkehren. Und sollten Sie den ersten Einkehrtipp bereits ausprobiert haben: Eine weitere empfehlenswerte Adresse ist der Gasthof Vierwasser in der Pruggmayerstraße.

Start/Ziel: Fürstenfeldbruck · **Streckenlänge:** ca. 130 km · **Schwierigkeit:** einfach
Kurven: 206 · **Zeitaufwand:** ca. 3–4 Std. ohne Einkehr · **Beste Tourenzeit:** ganzjährig, in Fürstenfeldbruck möglichst nicht zur Rushhour morgens und abends

Unterwegs im Fürstenfeldbrucker Umland – und die Pisten gehören uns allein.

Da stockt wohl Jedem der Atem: Ritterspiele auf Schloss Kaltenberg

KALTENBERGER RITTERTURNIER – SPANNENDE ZEITREISE

Wenn in Kaltenberg die Ritter spielen, wird die spannendste und atemberaubendste Seite des Mittelalters wieder lebendig. Eine Attraktion, die nicht nur Burgfräulein ins Staunen versetzt. Eine Geschichtsstunde, wie sie abenteuerlicher kaum sein kann ...

Geltendorfs Gemütlichkeit am Nordzipfel des Ammersees ist sprichwörtlich – zumindest elf Monate im Jahr. Nur im Sommer, genauer gesagt im Juli, immer dann also, wenn das weltberühmte Kaltenberger Ritterturnier seine Pforten öffnet, steppt auch in Geltendorf der »Bär«. Prinz Luitpold von Bayern, Urenkel des letzten bayerischen Königs, erfüllte sich vor über 30 Jahren einen Kindheitstraum: »echte« Ritterspiele in einer historischen Umgebung für Groß und Klein – das Kaltenberger Ritterturnier war geboren.

Seit diesen Tagen ist es DAS Mittelalter-Event in Oberbayern. Jährlich im Sommer verwandelt sich der Gemeindeteil von Geltendorf in ein mittelalterliches Heerlager mit Märkten, Gauklern, Spielleuten, Quacksalbern, Narren und einer Schar *Cascadeurs*, deren Vorführungen jedem Besucher den Atem stocken lassen. Was diese Kerle im Sattel an Reiterkämpfen mit Lanze und Schwert vorführen, wird jeder Geschichtsschreibung gerecht. Und dass die heutigen Lanzen eher aus Balsa- denn Massivholz sind, ist angesichts möglicher Gefahren eher positiv zu bewerten. Schließlich soll es unterrichten, unterhalten und Vergnügen bereiten, nicht Tote oder Verletzte produzieren. Toll und sehenswert, welch eine erlebenswerte Zeitreise Prinz Luitpold von Bayern hier alljährlich auf die Beine respektive Pferde »stellt«! Vor allem auch für uns Biker, die wir ja meistens eine genetisch bedingte Affinität zum Rittertum haben. Nur das Herumfuchteln mit der fast drei Meter langen, tödlich spitzen Lanze sollten wir auf dem Motorrad tunlichst sein lassen.

Ort/Region: Schloss Kaltenberg bei Geltendorf
Termin: jährlich an den drei letzten Wochenenden im Juli
Attraktionen: einzigartiges Mittelalterfest für alle Sinne, zum Mitmachen (nicht beim Turnierkampf!) und Dabeisein · **Dresscode:** bequeme Schuhe und Kleidung, Sonnenschutz · **Parkmöglichkeit:** ausreichend, teilweise auf Wiesen
Öffnungszeiten: täglich ab 9 Uhr · **Tipp:** früh dort zu sein, lohnt sich ebenso wie (sehr frühe) Ticketreservierungen (Pflicht!) für den atemraubenden Turnierkampf
Weitere Infos: www.ritterturnier.de

26 DIE PERFEKTE »PAAR«-THERAPIE – GANZ GEMÜTLICH

Dort, wo das Flüsschen Paar die Westgrenze Oberbayerns bildet, liegt ein Tourenrevier, wie es beschaulicher kaum noch geht. Wenn Sie eine Runde über dessen Straßen huschen, könnte es sein, dass diese vielleicht noch nie ein Motorrad »erblickt« haben.

Als ich vor einigen Jahren eine Motorrad-Reportage über lustige und merkwürdige Orte in Bayern produzieren durfte – über Tuntenhausen, Wenigmünchen, Bürstenstiel, Frühling, Einöd sowie Pups –, entdeckte ich eher beiläufig auch das Flüsschen Paar mit seinen Landschaften und Landstraßen fernab von Hektik und Stress. Ich fuhr hin und wurde umgehend belohnt für meinen fast schon »Kolumbus-ähnlichen« Pioniergeist. Dass die Paar schon Hauptdarstellerin in Büchern und Filmen war, sieht man dem gut 140 Kilometer langen Fluss heutzutage aber auch wirklich nicht mehr an.

Wir beginnen unsere »Paar«-Therapie im sehenswerten Kaltenberg am Nordrand des Ammersees, dort, wo die Paar ihren Ursprung hat. Und natürlich auch dort, wo jährlich ein weithin bekanntes Ritterturnier stattfindet. In Egling an der Paar sowie in Meiring hat der Fluss bereits erkennbare Ausmaße und blubbert entlang der Grenze zwischen Oberbayern und Schwaben fröhlich dahin, ja, formt sie sogar mit. Bei Kissing und Dasing ist die prächtige Fuggerstadt Augsburg zwar in Sichtweite, aber da sie nicht zu Oberbayern gehört, entscheiden Sie bitte selbst an dieser Stelle, ob Sie spontan einen Abstecher einbauen wollen.

Zwischen Aichach und Schrobenhausen gönnen wir uns hingegen einen »offiziellen« Abstecher ins Hinterland der Paar, bevor der Fluss uns erneut einfängt und über Hohenwart und Reichertshofen in den Süden von Ingolstadt bringt; leider nicht ganz so schleifen- und kurvenreich wie der Flusslauf selbst, ist aber dennoch ein Genuss. Und einer, der nahe Vohburg dann ein vorhersehbares Ende nimmt, wenn die Paar in der Donau auf- und untergeht.

Sollten Sie Hunger bekommen haben, wartet in Vohburg das Gasthaus zum Haberfelder in der Höfartsmühlstraße auf Sie – urig und lecker.

Start/Ziel: Kaltenberg am Ammersee/Vohburg an der Donau · **Streckenlänge:** ca. 140 km
Schwierigkeit: einfach · **Kurven:** 181 · **Zeitaufwand:** ca. 3 Std. ohne Einkehr
Beste Jahreszeit: ganzjährig

Ich »paar-surfe« jetzt: unterwegs im Land der Paar geht auch solo.

Gevatter Lech hat unendlich viele Geschichten zu erzählen – und seine Landstraßen zählen zu den schönsten dieses Buches.

VON FLUSSNIXEN UND HUIMÄNNLEIN – DER LECH

Seine Wasser erzeugen nicht nur Hunderttausende Kilowatt feinsten Naturstroms, auch seine Flusslandschaften wurden vielerorts neu modelliert oder »modernisiert«, wie es oft heißt. Und dennoch gehört er bis heute zu den wildesten und sagenumwobensten Gewässern Deutschlands.

Landsberg, direkt am Lech, ist auf dieser Runde unser erlebenswerter Start- und Zielpunkt, kombiniert mit einer weiteren Portion »Romantische Straße« (siehe Tour 28). Die B 17 trägt uns zügig und mancherorts vierspurig Richtung Süden in die Voralpen. Linker Hand führen immer wieder Abstecher bis ganz an den Lech und dessen Staustufen, zum Beispiel bei Dornstetten zur Staustufe Nummer 13. Zumindest zu Fuß können wir diese erkunden – es sind auch Schautafeln aufgestellt, um die Stromproduktion des Flusses zu dokumentieren. Es sind beeindruckende Zahlen.

Über Seestall und Lechmühlen schwingen wir anschließend dahin und erreichen über Hohenfurch und Altenstadt Schongau, anschließend wechseln wir die Flussseite und wedeln rechts des Flusses durch herrliche Auenlandschaften gen Süden.

Im 17. Jahrhundert war der Lech die sogenannte »Todesgrenze«, lag auf der anderen Seite, im Westen, doch das feindliche Schwaben. Bayerischen Untertanen war es bei Todesstrafe verboten, den Fluss zu queren. Selbst der Flussgott soll sich mitsamt seinen Nymphen, Nixen und Huimännlein angeblich nicht getraut haben, den Fluss zu queren. Heute haben zahllose Staustufen ihn und sein Gefolge aber wohl endgültig in andere Welten vertrieben.

Steingaden und Lechbruck sind unsere heutige Südgrenze, ab hier geht es auf schmalen Pfaden stets so nahe wie möglich am Lech entlang wieder retour in Richtung Norden. Das ist Motorradtouren von seiner schönsten und gemütlichsten Seite. Und zur abendlichen Einkehr in Landsberg kommen wir so auch pünktlich an. Wie wäre es diesmal mit dem Fischerwirt am Roßmarkt?

Start/Ziel: Landsberg am Lech · **Streckenlänge:** ca. 130 km · **Schwierigkeit:** einfach
Kurven: 128 · **Zeitaufwand:** ca. 2–3 Std. ohne Einkehr
Beste Tourenzeit: Anfang Mai bis Ende Okt.

28 LANDSBERGER RUNDE – AUF DEN SPUREN DER ROMANTIK

Eine viel befahrene Bundesstraße als »Romantische Straße« auszuschildern, erscheint auf den ersten Blick … na ja, sagen wir mal: merkwürdig. Den Romantikfaktor stellt natürlich weniger die Piste, vielmehr sind es die Ortschaften entlang des Weges. Zumindest einige haben diese Auszeichnung durchaus verdient.

Sie ist Deutschlands älteste und – nach eigenem Bekunden – auch beliebteste Ferien- und Themenstraße: die Romantische Straße von Würzburg bis Füssen – oder umgekehrt. Sie verbindet auf 460 Kilometer Länge das Taubertal bei Rothenburg – definitiv Romantik pur! – mit Donauwörth und Augsburg und bildet im Süden zwischen Landsberg und Füssen – ebenfalls zwei echte Romantik-Hotspots – gemeinsam mit dem Lech die Westgrenze Oberbayerns. Deshalb werden wir sie und die umliegenden Ortschaften auch auf einer kleinen Sonntagsrunde erkunden. Sonntags deshalb, weil diese Runde nicht nur im sehenswerten Landsberg am Lech starten, sondern am Nachmittag mit einem ausgiebigen Einkehrschwung am wild rauschenden Lech auch hier enden soll.

Links des Lechs geht es zunächst aus der Stadt hinaus. Bleiben Sie in Sichtweite zum Fluss und wedeln Sie über Riedhof, Scheuring, Prittriching und Unterbergen ins Zentrum von Mering (und damit leicht außer unseres Buchthemas). Ein Boxenstopp lohnt hier immer, am besten im Eiscafé Gazzola in der Münchner Straße. Augsburg liegt zwar nah, aber natürlich außerhalb Oberbayerns, und so stelle ich es Ihnen selbst anheim, an dieser Stelle den Abstecher ins sehenswerte Zentrum der Fuggerstadt einzuplanen. Nur so viel: Es ist ungemein empfehlenswert, kostet aber mindestens zwei bis drei Stunden extra.

Am Westufer des Lechs suchen wir uns anschließend den Weg in den Süden, wählen eine abwechslungsreiche Kombination aus B 17 – der Romantischen Straße – und Umgebung und huschen durch das Lechfeld über die Dörfer. Kurven- und aussichtsreich geht es durch eine Landschaft frei von Hektik, Stress und Überholspuren – auch das ist eigentlich herrlich romantisch. Bei Buchloe wenden wir das Motorrad dann wieder gen Osten und suchen uns im historisch sehr sehenswerten Zentrum von Landsberg einen Parkplatz. Dann empfehle ich einen kleinen Spaziergang entlang der mächtigen Lechstaustufe und anschließend den gepflegten, gerne auch romantischen Einkehrschwung im historischen Zentrum der Stadt. Eine Möglichkeit dazu bietet das Süßbräu in der Alten Bergstraße.

Start/Ziel: Landsberg am Lech · **Streckenlänge:** ca. 90 km · **Schwierigkeit:** einfach
Kehren: 1 · **Kurven:** 87 · **Zeitaufwand:** ca. 2 Std. ohne Einkehr
Beste Tourenzeit: Anfang Mai bis Ende Okt.

Landsberg begeistert durch seine Lechstaustufe und den einzigartigen Mutterturm.

Motorradfahren, Kurvensurfen und ab und an einen erfrischenden
Einkehrschwung – wo geht das genüsslicher als im Schongauer Land?

SCHONGAUER EISKAFFEE-RUNDE – IM SOMMER FAST SCHON PFLICHT!

Genüssliches Motorradfahren in Kombination mit einem Einkehrschwung … oder auch mit zweien – diese Version meiner Sonntagsrunden ist ausdrücklich nicht für die Fastenzeit geeignet. Und wenn Sie auch den Griechen-Stopp einbauen, sollten Sie anderntags keinen Zahnarzttermin einplanen. Sie ahnen sicherlich, warum.

Schongau im Herzen des Pfaffenwinkels ist ein sehenswertes Städtchen mit einem blitzblanken, typisch oberbayerischen Zentrum mit Kirche in der Mitte und Wirtshäusern außen herum. Das Zentrum Schongaus liegt zwar schon auf der Westseite des Lechs (und eben dort werden wir uns nun »vergnügen«), also ein ganz klein wenig außerhalb unseres Buchthemas, aber Sie werden es mir verzeihen, spätestens am Ende dieses Tourentages.

Es geht auch diesmal »über« die Dörfer: über Schwabsoien und Dienhausen, Denklingen und den Weiler Leeder – ja, er heißt tatsächlich so – bis nach Ellighofen und Honsolgen. Es sind Ortschaften, in denen (vermutlich) noch niemals große Weltgeschichte geschrieben wurde, es sich aber dennoch gut leben lässt … vielleicht auch gerade deshalb. In Buchloe schließlich quirlt auch an einem Sonntagvormittag oftmals schon das Leben, spätestens wenn die Kirche ihre geläuterten »Schäfchen« hinaus in den oberbayerischen Sonnenschein entlässt.

Über Waal und Waalhaupten düsen wir nach Lengenfeld, Oberostendorf, Ketterschwang, Germeringen und Aufkirchen. Mein Tipp: Laden Sie sich unbedingt die GPS-Datensätze für Ihr Navi von der Website des Verlages, dann wird das Navigieren zum Kinderspiel. Über Sachsen-, Ingen- und Königsried wedeln wir in einem weiten Bogen durch Bilderbuchlandschaften, die jahrhundertelang Inspiration für Heerscharen an Landschaftsmalern und -fotografen waren und heute noch sind. Und wenn Ihnen nun auch langsam der Magen knurrt, nehmen wir Schongau (via Burggen) erneut ins Visier. Im Zentrum haben Sie die Wahl: Den Eiskaffee gibt es im Café Cristallo am Marienplatz und köstliches Essen bei einem Griechen: Restaurant Olympia in der Christophstraße 43.

Start/Ziel: Schongau · **Streckenlänge:** 145 km · **Schwierigkeit:** einfach
Kehren: 3 · **Kurven:** 135 · **Zeitaufwand:** ca. 2 Std. ohne Einkehr
Beste Tourenzeit: Anfang Mai bis Ende Okt.

30 APPETIT AUF MEHR – DAS OSTALLGÄU

Es stimmt – das Allgäu gehört definitiv nicht mehr zu Oberbayern. Aber dennoch lohnt ein westwärts gerichteter Blick über die Grenze und den Lech. Wer weiß – vielleicht wird es über das Allgäu demnächst auch einen 99x-Reiseführer geben. Diese Tour dient dann quasi als Appetizer …

Wir starten den Allgäuer Abstecher im idyllischen Lechbruck am Lech und wedeln am Ostufer des Premer Lechsees über Prem nach Halblech. Kurz vor dem schüchternen Bannwaldsee, der sich gerne großflächig hinter Schilf und Bäumen versteckt, wenden wir das Motorrad westwärts und schwingen über Kniebis und das Nordufer des Illasbergsees nach Roßhaupten. Wer das Ganze mit einem kurzen Boxenstopp kombinieren möchte: Das Vis-a-Vis in der Raiffeisenstraße ist sehr empfehlenswert.

Nun geht es über die Dörfer des Ostallgäus, durch Weiler und vorbei an einsamen Gehöften, in denen die Zeit oftmals stillzustehen scheint. Genießen Sie die Kurvenhatz. Via Seeg geht es an den Schwalten- und Trollweiher und über Eiterberg und Enisried ins Städtchen Lengenwang. Zur Mittagszeit sollten Sie hier nicht am Goldenen Adler an der Hauptstraße vorbeifahren. Anschließend gönnen wir uns das nun fast schon großstädtisch anmutende Marktoberdorf. Bereits 1453 erhielt der Ort seine Marktrechte, seit 1803 gehört er ganz zu Bayern. Geprägt wird das Stadtbild von vielen historischen Gebäuden wie dem Fürstbischöflichen Schloss mit einer zwei Kilometer langen Lindenallee oder dem Rübezahlbrunnen. Von der ausgeschilderten Luitpoldhöhe hat man einen schönen Blick ins Land, den angeblich bereits Prinzregent Luitpold von Bayern genossen haben soll. Über Ruderats-, Eben- und Hörmannshofen geht es am Nachmittag nach Stötten am Auerberg (siehe nächstes Kapitel) und anschließend wieder retour nach Oberbayern, ohne dass wir eine Grenzquerung bemerken werden. In Lechbruck schließt sich am Abend der Kreis.

Start/Ziel: Lechbruck · **Streckenlänge:** ca. 120 km · **Schwierigkeit:** einfach
Kurven: 176 · **Zeitaufwand:** ca. 2–3 Std. ohne Einkehr
Beste Tourenzeit: Anfang Mai bis Ende Okt.

Ein wenig außerhalb des Themas »Oberbayern«, aber immer ein Heidenspaß:
der panoramareiche Kurvensurf im Ostallgäu

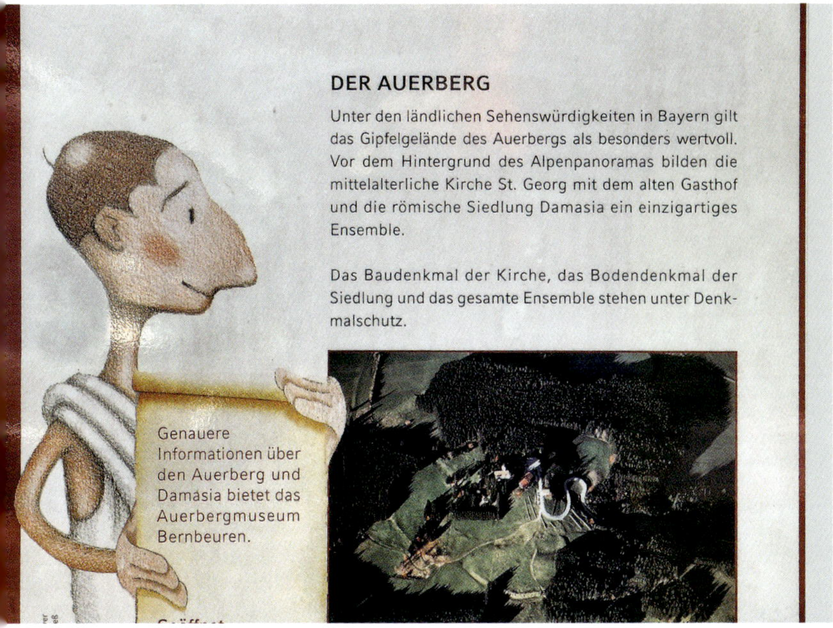

DER AUERBERG

Unter den ländlichen Sehenswürdigkeiten in Bayern gilt das Gipfelgelände des Auerbergs als besonders wertvoll. Vor dem Hintergrund des Alpenpanoramas bilden die mittelalterliche Kirche St. Georg mit dem alten Gasthof und die römische Siedlung Damasia ein einzigartiges Ensemble.

Das Baudenkmal der Kirche, das Bodendenkmal der Siedlung und das gesamte Ensemble stehen unter Denkmalschutz.

Genauere Informationen über den Auerberg und Damasia bietet das Auerbergmuseum Bernbeuren.

Über zehn Jahre habe ich gebraucht, um diesen Berg zu »erklimmen« und die Genusswirtschaft dort oben zu entdecken. Im Nachhinein sehr bedauerlich!

AUERBERG MIT WIRTSHAUS – EINE HERRLICHKEIT IM ABSEITS

Den Auerberg habe ich vor einigen Jahren rein zufällig entdeckt, als ich auf Fototour für eine Pfaffenwinkel-Geschichte war. Und da ich allein unterwegs war, konnte ich ohne Wenn und Aber jedem noch so unscheinbaren Abzweig folgen. Also folgte ich an diesem Tag einfach den kleinen Wegweisern nach »Auerberg« und erlebte zu meinem großen Vergnügen drei waschechte Kehren samt grandiosem Weitblick … und oben, am Ende der Sackgasse, einen kleinen Panorama-Gasthof, der diese Bezeichnung vollkommen zu Recht trägt. Das Essen war lecker und deftig, der Kaffee stark und der Weg retour hinab in den Alltag ein Erlebnis. Was braucht man mehr?

Ort/Region: genau zwischen Bernbeuren und Stötten, am Westrand Oberbayerns
Attraktionen: grandioses Panorama, traditionsreiches Wirtshaus 1000 Meter über dem Alltag, Auffahrt mit drei waschechten Kehren · **Parkmöglichkeit:** einige am Wirtshaus
Öffnungszeiten: täglich ab 10 Uhr · **Weitere Infos:** www.auerberghotel.de

BAYERISCHER RIGI AUF DEM HOHEN PEISSENBERG

Der Hohe Peißenberg ist mit seinen stolzen 988 Metern einer der schönsten Aussichtsgipfel zwischen Lech und Ammersee und lockt Besucher aus nah und fern ganzjährig zu sich hinauf – und von Frühling bis weit in den Herbst hinein vor allem auch uns Motorradfahrer. Der berühmte »Bayerische Rigi« sorgt für kulinarisches Wohlbefinden und lädt als typisch bayerischer Gasthof mit seiner herrlichen Aussichtsterrasse jeden Besucher zur genüsslichen Einkehr ein. An Sommerwochenenden wird es durchaus eng dort oben. Dann empfiehlt es sich, ein Picknick mitzubringen und den unteren Parkplatz anzusteuern. Auch dort gibt es herrliche Aussichtsbänke.

Ort/Region: Hohenpeißenberg bei Weilheim · **Attraktionen:** älteste Wetterstation der Welt, Wallfahrtskirche · **Parkmöglichkeit:** zwei riesige Parkplätze, der obere asphaltiert, der untere gekiest · **Öffnungszeiten:** nahezu ganzjährig · **Weitere Infos:** www.bayerischer-rigi.de

Historische »Rennsemmeln« in historischem Ambiente auf einer der
schönsten Panoramstrecken am Rande Oberbayerns. Toll!

AUERBERG KLASSIK – PERFEKTE ERGÄNZUNG

Das Wirtshaus auf den Auerberg habe ich Ihnen bereits empfohlen. Es gibt aber noch einen gewichtigen Grund mehr für den Besuch dieses hoch aufragenden Voralpengipfels – die Rückkehr des legendären Auerbergrennens!

Das ehemalige Auerbergrennen fand von 1967–1987 jeweils am dritten Wochenende im September statt. Samstags starteten Motorräder, sonntags Automobile. Hunderte Fahrer und Tausende Besucher kamen zum berühmten Motorsportereignis. 2017, genau 30 Jahre nach dem letzten Rennen, fand die 1. Auerberg Klassik statt – und kam derart gut bei Publikum, Fachpresse und Sponsoren an, dass sich Veranstalter Hermann Köpf dazu entschloss, 2019 mit dem zweiten Event dieser sehenswerten Oldtimer-Veranstaltung ab sofort die Gleichmäßigkeit zu geben, die bei den Wertungsfahrten einer solchen Veranstaltung so wichtig ist. Nahezu 200 »Veteranen« aus dem Auto- und Motorradbereich werden erwartet, die meisten im fahrbereiten Zustand und *in action* zu bewundern. Dazu gibt es ein ausgiebiges Rahmenprogramm in und um Bernbeuren inklusive kulinarischer Schmankerl, Motorrad- und Oldtimer-Ausstellung, Filmvorführungen sowie der Rückkehr des Thurner-RS-Rennwagens, des legendären Allgäu-Ferrari, der in den Siebzigerjahren hier in Bernbeuren gebaut wurde. Nur das 2017 noch recht gut besuchte Seifenkisten-Rennen musste 2019 mangels freiwilliger Teilnehmer abgesagt werden. Das ist aber zu verkraften, da der sehr gut angenommene »Best-Dressed«-Wettbewerb überlebt hat. Wenn Sie also zu Ihrem historischen Schätzchen und zur damaligen Zeit passend gekleidet erscheinen, dürfen Sie auf eine Prämierung hoffen. Und sich auch in puncto »Klamotten« mit Gleichgesinnten messen. Das macht noch einmal zusätzlich Spaß.

Ort/Region: Bernbeuren am Auerberg
Termin: 3 Tage Mitte Sept.
Attraktionen: Oldtimer-Treff auf zwei und vier Rädern mit Gleichmäßigkeitsfahrten und umfangreichem Rahmenprogramm
Dresscode: kein offizieller, wer historisch »wertvoll« gekleidet ist, hat die Chance auf eine Prämierung
Parkmöglichkeit: ausreichend · **Öffnungszeiten:** ab ca. 10 Uhr
Tipp: sehr früh kommen, um die ausgestellten historischen Schätze im Detail begutachten zu können · **Weitere Infos:** www.auerberg-klassik.de

Insgesamt kombiniert die berühmte Deutsche Alpenstraße ab dem Bodensee die Höhepunkte des gesamten Alpenvorlands miteinander. Doch wenn wir ehrlich sind: Die wahren Höhepunkte der ersten Ferienstraße Deutschlands liegen allesamt im Osten – in Oberbayern. Quod erat demonstrandum.

Auch diesmal beginnen wir ein wenig außerhalb Oberbayerns und gönnen uns den Start zu dieser Tour im einzigartigen Allgäuer Voralpenstädtchen Füssen. Sehr zu empfehlen ist sogar ein zweitägiges »Akklimatisations-Wochenende« vor der eigentlichen Tour. Die Stadt selbst ist äußerst sehenswert, ihr historischer Kern gehört zu den schönsten Zentren Bayerns. Und auch die nahe liegenden weltberühmten Königsschlösser Neuschwanstein und Hohenschwangau sollten Sie einmal im Leben gesehen haben, wenigstens von außen.

Nun lassen Sie uns aufbrechen – aus Platzgründen sind im Folgenden nur die wichtigsten Stationen dieser einzigartigen zweitägigen Reise erwähnt: Werfen Sie unbedingt einen Blick auf respektive in die berühmte »Wies« (-Kirche) bei Steingaden. Gönnen Sie sich einen Boxenstopp in Oberammergau und Ettal (siehe Kapitel 43), in Garmisch-Partenkirchen und dem Werdenfelser Land. Genießen Sie die Kehren der legendären Kesselbergstraße (siehe Kapitel 52) und besuchen Sie Bad Tölz am Abend des ersten Tourentages.

Tag zwei beinhaltet Höhepunkte wie den Sylvenstein-, den Tegern- und den Schliersee, das berühmte Sudelfeld sowie den Südrand des Chiemsees. Über Reith im Winkl und Inzell erreichen wir schließlich das Berchtesgadener Land: ein Bilderbuch-Bayern, wie es kaum noch schöner geht. Berchtesgaden und der Königssee sind Beweise dafür, dass dieser Teil der Deutschen Alpenstraße deutlich reicher an Höhepunkten ist als der Westabschnitt. Mit der Rossfeldpanoramastraße, der höchsten Panoramastraße Deutschlands, endet diese Tour in einem »finale furioso«. Sie ahnen, warum ich mir diese Tour mindestens jeden zweiten Frühling oder Herbst selbst gönne?

Start/Ziel: Füssen (Allgäu)/Berchtesgaden, Rossfeld · **Streckenlänge:** ca. 375 km
Schwierigkeit: einfach · **Kehren:** 33 · **Kurven:** 269 · **Zeitaufwand:** 2 Tage ohne Einkehr
Beste Tourenzeit: Anfang Mai bis Ende Juni, Anfang Sept. bis Ende Okt.

Die Wies bei Steingaden ist auch ein Pflichttermin für Atheisten, und der Rundgang durch das herrliche Füssen ist ein Genuss für alle Sinne.

Nicht einmal tausend Meter hoch und doch irgendwie in einer anderen Welt:
der Hohe Peißenberg mit seiner kurvenreichen Südrampe

Der Hohe Peißenberg ist zwar mit seinen 998 Metern im Vergleich zu Alpengipfeln wahrlich kein Riese, auch seine Auffahrt ist nicht spektakulär oder sonderlich anspruchsvoll. Aber der Ausblick vom Gipfelplateau in alle vier Himmelsrichtungen ist ein herzerwärmendes Gedicht … und das zu jeder Jahreszeit.

Ich kann die Male, in denen ich oben auf dem großen Parkplatz am Gipfel des Hohen Peißenbergs in der Sonne gestanden habe, schon gar nicht mehr zählen, ob mit dem Moped, dem Auto oder dem nicht minder genialen KTM Elektro-MTB, und egal zu welcher Jahreszeit. Jedes Mal aufs Neue habe ich dieses porentief gesunde Gefühl erlebt, 1000 Meter über dem Alltag zu sein und auf die Welt hinabschauen zu können. Eine Welt, die meine Herzensheimat, mein *happy place* war und ist.

Die schönste »Anreise« auf den »Berg der Berge« startet im Städtchen Peißenberg. Dort folgen wir allerdings nicht sofort den Wegweisern zum Hohen Peißenberg, sondern huschen erst einmal zum schönsten Anblick. Dieser öffnet sich auf der ST 2058 zwischen Peißenberg und Böbing – fahren Sie langsam und schauen Sie nach rechts über die Gashand. Rechts und links der Piste liegen einige wenige Buchten, in denen Sie das Bike auch abstellen können, um den Ausblick ausgiebig zu genießen.

Von Böbing aus geht es nach Rottenbuch und weiter in Richtung des quirligen Peiting. Und hier nehmen wir endlich auch den Aufstieg zum Gipfel des Hohen Peißenberg in Angriff, erst über die ST 2014 nach Sankt Leonhard im Forst, dann gen Süden über den Ort Hohenpeißenberg und die Panoramarampe zum Gipfel. Wen wundert es, dass entlang dieser Rampe in den letzten Jahren einige herrlich liegende Häuser gebaut wurden. Allerdings ist die Strecke an so manchem Sommerwochenende gut befahren, leider sogar mit Reisebussen. Details zu den Genüssen, die Sie oben erwarten, lesen Sie in Kapitel 32.

Start/Ziel: Peißenberg · **Streckenlänge:** ca. 50 km · **Schwierigkeit:** einfach
Kehren: 2 · **Kurven:** 81 · **Zeitaufwand:** ca. 1–2 Std. ohne Einkehr
Beste Tourenzeit: sonntagvormittags nach Sonnenaufgang oder zum Sonnenuntergang

36 WESSOBRUNNER FEIERABENDRUNDE

Am wohlverdienten Feierabend soll man sich das gönnen, worauf man am meisten Lust hat. Für mich ist das entweder Mountainbiken mit Strom oder Mopedfahren mit Edelsprit. Hier kommt meine absolute Feierabend-Lieblingsrunde – natürlich inklusive Biergarten-Höhepunkt.

Wir starten in Wessobrunn mit seinem einst weltberühmten Kloster und seiner auch heute noch ureigenen Gemütlichkeit (mehr darüber ist im Internet unter dem Stichwort »Wessobrunner Gebet« zu lesen). Durch den Ortsteil Haid wedeln wir nach Schellschwang über grüne Hügel und durch horizontweite Wiesen – eine selbst heute noch heile Welt voller Gemütlichkeit und Leichtigkeit. Über Rott geht es nach Pessen- und Ludenhausen und weiter nach Dettenschwang und Dettenhofen, allesamt Ortschaften, in denen Hektik ebenso ein Fremdwort ist wie rote Ampeln oder gar Stau. Ein Stück weit gen Norden gelangt man von Obermühlhausen über Finning schließlich nach Schwifting.

Bevor wir uns im sehenswerten Landsberg verlieren (siehe Kapitel 28), wenden wir uns südwärts und fahren am Ostufer des Lechs entlang über die Dörfer – namentlich von Pürgen und Ummendorf nach Stoffen, über Stadl und Reichling, queren kurz den Lech, grüßen Erpfach und Kiensau und haben in Apfeldorf bereits wieder das östliche Flussufer unter den Reifen. Nach Birkland und Peiting geht es allmählich wieder retour. Wir passieren Hausen und erreichen Hohenpeißenberg. Unser Ziel heute erreichen wir via Rohrmoos und Sankt Leonhard im Forst: den Zellsee mit seinem Vogelschutzgebiet. Hier setzen wir den Blinker links und fahren in weiten Kurven bergauf zurück nach Wessobrunn. Dort erwartet uns als perfekter Abschluss einer kurvenreichen Feierabendrunde das traditionsreiche Gasthaus Zur Post direkt in der Ortsmitte am Rathaus, umrahmt von zwei mächtigen, uralten Kastanien. Die Sonnenterrasse ist der beliebteste Treff des Ortes, aber auch im Wirtshaus lässt sich urbayerische Küche herrlich authentisch genießen. Guten Appetit!

Start/Ziel: Wessobrunn · **Streckenlänge:** 111 km · **Schwierigkeit:** einfach
Kehren: 1 · **Kurven:** 111 · **Zeitaufwand:** ca. 1,5 Std. ohne Einkehr
Beste Tourenzeit: Anfang Mai bis Ende Okt., sowohl zum Sonnenauf- wie auch zum -untergang

Als Motorrad-Journalist in einer Motorrad-Gegend zu leben ist ein Traum.
Ganz besonders im geschichtenreichen Pfaffenwinkel.

Sein Leben opferte hier
bei einer Diensterweisung
durch scheuen der Pferde
Herr Georg Fischer
Bauer von Buchschorn
im 39. Lebensjahre
am 20. Seb. 1920
Gott hat ihn gerufen.
Sein Ruf ist heilig.
Das gibt uns Trost
im bitteren Leid.

ANDECHS – EIN KLOSTERBESUCH OHNE UND MIT ALKOHOL

Wie passt das weltberühmte Kloster Andechs samt Braukunst zum Motorradfahren? Ganz hervorragend, und das nicht nur außerhalb der Starkbierzeiten im Frühling! Ich verrate Ihnen im Folgenden, wie Sie sogar die »unkastrierten« Köstlichkeiten der Klosterbrauerei als Biker genießen können.

Der Anblick von Kloster Andechs hoch auf dem »heiligen« Berg zwischen Starnberger und Ammersee hat für mich zu jeder Jahreszeit etwas ganz Besonderes, ja, sogar Ehrfürchtiges. Es mag viele Klöster in ähnlicher Lage geben, es mag auch so manch süffige Braukunst innerhalb anderer Klostermauern existieren, aber Kloster Andechs hat durch seine eindeutig weltliche Ausrichtung und Konzentration auf das Wesentliche – den Genuss – inzwischen eine Berühmtheit erlangt, die einzigartig ist.

Bereits von Weitem grüßt der typische Zwiebelturm der Klosterkirche, und wenn wir das Visier ganz weit öffnen, kann man sogar den unwiderstehlichen Bratenduft riechen. Wie hervorragend sich über Jahrhunderte Frömmigkeit und gewinnorientiertes Produktmarketing kombinieren lassen, beweisen tagein, tagaus die Andechser Benediktinermönche. Das vollmundige Bier fließt ganzjährig in Strömen, und wie viele bayerische Schweine für die Schankbetriebe im Kloster allein an einem schönen Sommerwochenende ihre Haxen verlieren, bleibt eines der wohlgehüteten Geheimnisse von Andechs.

Bevor wir uns aber diesen Genüssen widmen, geht es noch eine kleine Runde übers Land. Start und Ziel ist der an Wochenenden stets proppenvolle Bikerparkplatz knapp 20 Höhenmeter unterhalb des Klosters – 20 Höhenmeter, die es nach allzu intensivem Genuss der flüssigen Leckereien in sich haben können. Wir suchen die ST 2067 nach Machtlfing und dort die kleinsten Pisten über Landstetten und Perchting Richtung Starnberg. Bevor uns der Verkehr einbremst, setzen wir den Blinker gen Ober- und Unterbrunn sowie Oberpfaffenhofen mit seinem mächtigen Flugfeld samt Raumfahrtkontrollzentrum. Dann streifen wir Seefeld und sein Schloss, schenken dem sehenswerten Herrsching samt Ammersee-Uferpromenade einen kleinen Spaziergang und erst danach uns selbst einen ausgiebigen Besuch auf dem heiligen Berg, auf

Kloster Andechs. Die Haxn sind unvergleichlich, das Bier süffig und nur liter-weise zu bekommen … und so lautet mein naheliegender Tipp für den Abend nach Andechs: Buchen Sie eine Übernachtung im Gasthof zur Post in der Starnberger Straße.

Start/Ziel: Motorradparkplatz am Kloster Andechs · **Streckenlänge:** ca. 70 km
Schwierigkeit: einfach · **Kurven:** 98 · **Zeitaufwand:** ca. 1–2 Std. ohne Einkehr
Beste Tourenzeit: vorzugsweise So von April bis Mai oder im Okt.

Es geht auch alkoholfrei – sowohl der »Aufstieg« auf Andechs, wie auch die Einkehr dort.

PFAFFENWINKEL KOMPAKT – EIN BAYERISCHER BILDERBUCHGENUSS

Der oberbayerische Pfaffenwinkel ist ein kleines, fast unbekanntes Paradies. Ganz speziell für Atheisten und Nihilisten befinden sich hier doch neben vielen historisch wertvollen sakralen Bauwerken auch herrliche Pisten nahezu abseits allen Trubels.

Vier Jahre lang war der Pfaffenwinkel mein Zuhause, mein Testgebiet für ein Leben auf dem Lande. Und gleichwohl meine Mopeds sogar eine große Doppelgarage bekamen, waren sie fast mehr draußen »on the road« unterwegs als vorher in München. Denn der Pfaffenwinkel ist ein sogar im herrlichen Bayern einzigartiges Motorradrevier – und dies ist eine meiner Lieblingstouren.

Wir starten im sehenswerten Städtchen Weilheim und huschen gen Norden aus der Stadt. Auf Sichtweite zur Ammer geht es zunächst nach Raisting zur Erdfunkstelle – Bayerns Beweis, dass Tradition und Technik vereinbar sind. Am Ostufer des Ammersees wenden wir uns gen Osten, erreichen über Machtlfing das Westufer des Starnberger Sees und lassen hier einen »imaginären Seitenkoffer« zurück. Will heißen: Wir kommen wieder, bald sogar! Weiter geht es in einem abwechslungsreichen Mix durch die Hügelwelten zwischen Starnberger und Ammersee. Schauen Sie sich ein wenig um in den Dörfern entlang des Weges. Kleine, heile Welten, Lebensabend-geeignet, öffnen sich uns für wenige Augenblicke.

Vor Seeshaupt wenden wir das Bike Richtung Süden. Über Stadel, Habach und Froschhausen erreichen wir Murnau zu einem zweiten Frühstück oder mittäglichen Einkehrschwung, je nachdem, wie gemütlich Sie unterwegs sind. Mein Tipp: das Bräustüberl Karg am Untermarkt.

Tunlichst die A 95 meidend, geht es über Eschenlohe nach Saulgrub und über Bad Bayersoien ins prächtige Rottenbuch. Spätestens hier sollten Sie auf jeden Fall einkehren, zum Beispiel im Kunstcafé am Tor mit einer leckeren Mixtur aus Kuchen und bayerischer Küche. Frisch gestärkt fahren wir über Böbing, Schöffau und Utting am Staffelsee gen Norden nach Huglfing, Eyach und Peißenberg, mit einer Vielzahl an Kirchen und sogenannten »Marterln« (Votivtafeln) am Wegesrand. »Pfaffenwinkel« eben – der Name ist Programm. Vom quirligen Städtchen Peißenberg aus ist es bis zu unserem Startpunkt nicht mehr weit; Weilheim ist ausgeschildert. Dort sollten Sie das Dachsbräu im Herzen der Stadt mit dem leckersten Weißbier Bayerns ansteuern – selbst gebraut und porentief gesund. Übrigens: Von meinem Bierbrau-Selbstversuch erzähle ich gleich noch …

Start/Ziel: Weilheim · **Streckenlänge:** 180 km · **Schwierigkeit:** einfach
Kehren: 2 · **Kurven:** 123 · **Zeitaufwand:** ca. 3–4 Std. ohne Einkehr
Beste Tourenzeit: Mitte April bis Ende Nov.

Die Erdfunkstelle Raisting sichert Datenströme, Pisten sichern das Vorankommen.

Geht's noch besser: Eine Fotoproduktion über die eigene Heimat ist herrlich – und auch noch steuerlich absetzbar. Ganz legal.

WAS ICH NOCH ERZÄHLEN WOLLTE: EINE KOSTEN-NUTZEN-RECHNUNG

Für mich war es eine geniale Arbeitsteilung … und gleichzeitig eine meiner schönsten Fotoproduktionen in Bayern.

Eine gute Reisegeschichte über die eigene Heimat zu erzählen ist manchmal schwieriger als man denkt. Denn das, was Besucher als ganz besonders schön, einzigartig oder auch nur erwähnenswert betrachten, ist für mich selbst womöglich schon lange Gewohnheit, ja, Alltäglichkeit geworden. Deshalb habe ich mich auch, nachdem ich von München aufs Land in den Pfaffenwinkel gezogen war, gleich in den ersten Frühlingstagen auf den Weg gemacht, meine neue Heimat – die ich aus zahlreichen Touren von München aus zu kennen glaubte – intensiv zu erfahren. So intensiv wie nie zuvor. Und während meine Lebensgefährtin Umzugskartons ausräumte und unser neues Leben in Wessobrunn strukturierte, tigerte ich mit BMWs genial handlicher F800GS durch die wunderbar heile Welt des Pfaffenwinkels – streng beruflich und hochoffiziell mit Kamera und Fahrtenbucheintrag als Dienstfahrt.

Für mich war das natürlich eine geniale Arbeitsteilung, die mich zu den schönsten und verkehrsärmsten Pisten im Pfaffenwinkel führte. Oftmals ungeplant und unter ständigem Hinweis des Navis: »Wenn möglich bitte wenden.« Ich wendete nicht, und das war auch gut so. In mehreren Reportagen habe ich seitdem über meine Heimat, den Pfaffenwinkel berichtet, habe meine Touren und die dabei entdeckten Pfade veröffentlicht.

Dass dieses Projekt finanziell allerdings beinahe ein Desaster geworden ist, weiß bislang niemand. Denn die Stimmung daheim begann sich erst nach einem (ausschließlich von mir bezahlten) viertägigen Wellness-Wochenende am Königssee wieder aufzuhellen – ein Wochenende mit Schlamm überall, Ayurveda und Peeling, Frühstücksbuffet, Kaffee und Kuchen und mindestens drei Gängen am Abend. Kurz: mit Kosten, die sämtliche Honorarerlöse zum »Pfaffenwinkel« nahezu atomisierten. Schwamm drüber. Und ja, ich würde es wieder machen.

Tipp: Die in diesem Buch beschriebene Tour ist nur eine von mehreren prächtigen Touren durch den Pfaffenwinkel, die ich auf meinen Scouting-Fahrten erkundet habe. Im GPS-Download zu diesem Buch sind aber alle vollständig hinterlegt. Viel Spaß auf Tour im herrlichen Pfaffenwinkel!

DACHSBRÄU ZU WEILHEIM –
»MEHR BRAUCHT'S NICHT«

Einem verunfallten Brau-Selbstversuch habe ich den Erstkontakt zum Dachsbräu zu verdanken. Denn meine mühsam selbstgebraute »Plörre« war schlichtweg ungenießbar. Das ist im Dachsbräu zu Weilheim gänzlich anders ...

Vier herrliche Jahre habe ich im noch herrlicheren Pfaffenwinkel gelebt und gearbeitet, hoch droben in Wessobrunn, im Westen von Weilheim. Eine der absoluten Köstlichkeiten des Pfaffenwinkels durfte ich dabei erfreulich rasch entdecken: das Dachsbräu Weißbier – oder für alle Preußen: Weizenbier; so köstlich wie gesund, mit einem hohen Hefeanteil gegen akuten Kalorienmangel und damit eines der leckersten Grundnahrungsmittel Bayerns. Und eines, das es auch im Bräustüberl der Brauerei selbst zu genießen gibt, kombiniert mit original bayerischer Wirtshauskost und einem authentischen Ambiente. Der kleine Biergarten liegt zwar nicht besonders ruhig direkt an einer Hauptstraße Weilheims, aber Schwamm drüber. Es geht ja um kulinarische Genüsse, für das Panorama gibt es andere Locations. Und die sind hier ohne jeden Tadel, die Bedienung ist freundlich, und ab Mittag gibt es dazu auch noch Sonnenschein.

Immer wenn ich Gäste auf dem Moped durch den prächtigen Pfaffenwinkel geführt habe, fand die Tour ihren würdigen Abschluss im Dachsbräu zu Weilheim, im Bräustüberl unter schattigen Kastanien. Um sicher einen Platz zu erhalten, können Sie heutzutage auch die Online-Reserviermöglichkeit nutzen. Online nicht zu reservieren, sondern nur mit telefonischer Bestellung (und Beratung hinsichtlich Frische, Anzapfen und Genuss) erhalten Sie das vollmundige Dachsbräu übrigens in großen 20-, 30-, 50-Liter Fässern. Ein Höhepunkt jedes Straßen- und Hoffestes, ein Muss für jede Geburtstagsparty und ein leckerer »Sidekick« für jede Hochzeit. Finde ich ... und sage: Na denn Prost.

Ort/Region: Zentrum von Weilheim in Oberbayern, am Rand der Fußgängerzone
Attraktionen: gute bayerische Hausmannskost, selbst gebrautes Bier,
das zu den besten Bayerns gehört
Parkmöglichkeit: eingeschränkt, auf Anfrage auch im Hof der Brauerei
Öffnungszeiten/Besucherfrequenz: täglich ab 9 Uhr/Biker treffen sich gerne
am Wochenende zum Frühstück vor der Tour
Weitere Infos: www.dachsbier.de

Mopedfahren hilft, um in Bedrängnis den Kopf frei zu bekommen.

BADEN UND BIKEN IM SONNEN-VERWÖHNTEN FÜNF-SEEN-LAND

Starnberger und Ammersee sind die berühmtesten Geschwister dieses Fünfer-Packs. Doch haben Sie schon einmal vom Wörth-, Pilsen- oder Weßlinger See gehört? Die drei liegen herrlich abseits des sommerlichen Rummels und genießen es sichtlich, nur bei Kennern der Region im Mittelpunkt zu stehen. Wählen Sie einen sonnigen Frühsommertag und packen Sie die Badesachen ein!

Am Rande der »Badewanne Münchens«, wie der berühmte Starnberger See gerne genannt wird, beginnen wir diese Runde naturnah und lassen sie im sehenswerten Schickeria-Ort Starnberg ausklingen. Zunächst wedeln wir von Tutzing aus gen Westen und huschen über die moderaten Höhenlagen zwischen den Seen nach Unterhirschberg, Vorderfischen sowie Dießen am Ammersee (hier lohnt sich ein Abstecher zum Zentrum direkt am See). Das Westufer ist prächtig, ja, zügig zu fahren und führt uns über Rieden und Utting unter der A 96 hindurch nach Greifenberg und Geltendorf. Bevor wir uns wieder seewärts wenden, geht es in einem Bogen über Türkenfeld und Grafrath nach Inning am Ammersee und dessen Ostufer direkt ins sehenswerte Herrsching zu einem mittäglichen Boxenstopp. Mein Tipp: das Wirtshaus Seestern im Zentrum.

Nun folgen wir den Wegweisern nach Seefeld und dem Pilsensee, einem eher »schüchternen« See, versteckt er sich doch hinter Bäumen, weiten Schilfweiden und so manch blickdicht abgesperrtem Privatbesitz. Sehenswert präsentiert sich auch Seefeld mit imposantem Schloss samt Park, das sich im Privatbesitz befindet und deshalb nur von außen besichtigt werden kann. Schlendern Sie dennoch durch den Ort, es lohnt sich.

Der Wörthsee gilt als der wärmste See Bayerns und ist unser vorletzter Kandidat. Bereits 300 Jahre vor unserer Zeitrechnung siedelten die Kelten in dieser wundervollen Landschaft. Last but not least folgt der Weßlinger See; der kleinste der fünf Seen liegt malerisch eingebettet mitten im gleichnamigen Ort. Am Nordufer befindet sich ein kleiner Wiesenstreifen mit Bäumen, der im Sommer gerne als Badeplatz genutzt wird. Die Parkplatzsituation ist allerdings selbst für Motorräder mehr als bedenklich.

Retour in Starnberg können Sie vor der obligatorischen Einkehr den Starnberger See auf seiner wohl einzigartigen Uferstraße einmal umrunden. Über Kempfenhausen und Berg mit dem Uferstreifen, wo Märchenkönig Ludwig II. am 12. Juni 1886 ertrunken ist, erreichen wir Seeshaupt am Südzipfel und wedeln, immer mit Blick auf den See, gen Norden zurück nach Starnberg zur abendlichen Einkehr in den Gasthof in der Au (Josef-Jägerhuber-Straße).

Start/Ziel: Tutzing/Starnberg · **Streckenlänge:** ca. 180 km · **Schwierigkeit:** einfach
Zeitaufwand: ca. 1 Tag mit Einkehr
Beste Tourenzeit: Anfang Mai bis Ende Juni, Anfang Sept. bis Ende Okt.

Selbst im Herbst wäre Baden im 5-Seen-Land noch möglich – Mopedfahren aber auch.

Auf Erkundungstour: Unbekannte Weiten und malerische Orte,
wie Murnau, machen diese Tour zu etwas ganz Besonderem.

OSTERSEEN UND STAFFELSEE – AUF UNBEKANNTEN WEGEN

Am Südzipfel des Starnberger Sees wenden sich Touristen gerne wieder Richtung Norden. Und ahnen gar nicht, dass hier direkt eine Landschaft anschließt, die Idylle pur zu bieten hat. Surfen wir doch eine Runde zwischen Toteiskesseln umher.

Gleich am Südrand des Starnberger Sees warten sie auf uns, die selbst heute noch irgendwie geheimnisvollen Osterseen. »Geologische Toteiskessel« heißen sie in der Fachsprache – hinter dieser Bezeichnung verstecken sich mehr als 20 einzelne Gewässer und naturgeschützte Moorgebiete in einem selbst im Winter recht blickdichten Wald. Die Piste führt uns Richtung Süden mitten durch dieses scheue Seenland. Erst vor den Toren von Iffeldorf öffnet sich das Gehölz wieder und erlaubt zaghafte Blicke rundum. Der Wegweiser nach Penzberg ist nicht zu übersehen und mein dortiger Einkehrtipp leicht zu finden: Das Gasthaus Schönmühl ist ausgeschildert. Oder Sie warten noch ein wenig, bis wir Benediktbeuern und seinen imposanten Klosterkomplex erreicht haben. Der dortige, sehr lauschige Biergarten kann jegliche Tourenpläne ebenfalls atomisieren.

Anschließend kurven wir über Kochel und den wunderbaren Kochelsee hinüber nach Murnau am malerischen Staffelsee. Auch hier reihen sich die Einkehrmöglichkeiten wie Perlen an einer Kette aneinander, sodass es schwierig ist, eine Entscheidung zu treffen. Auf jeden Fall empfehlenswert ist das Al Lago am Strandbad von Seehausen, direkt am Südostufer des Staffelsees gelegen – die perfekte Alternative, solange die einzigartige Traditionswirtschaft Fischerstüberl gleich nebenan geschlossen bleibt.

Zum Nachtisch ordern wir dann noch eine herrlich kurvenreiche Runde durch den Westen des Sees. Über Bad Kohlgrub und Schönberg geht es schließlich wieder retour nach Murnau zu Kaffee und Kuchen. Das Kaffeehaus von Barbara Krönner am Obermarkt eignet sich ganz hervorragend dafür. Der Rest der Tour ist »easy going«, sodass wir am späten Nachmittag wieder Seeshaupt erreichen. Vielleicht sogar rechtzeitig zum Sundowner am Seeufer?

Start/Ziel: Seeshaupt · **Streckenlänge:** ca. 140 km · **Kurven:** 222
Zeitaufwand: ca. 3 Std. ohne Einkehr
Beste Jahreszeit: ganzjährig außer während der Sommerferien

43 CAFÉ EDELWEISS – EIN TREFF MIT HÖCHSTEM SEGEN

Kloster Ettal sowie seine weltlichen Bauten drum herum sind unbestritten für viele Besucher eine Schau. Mittendrin liegt ein Bikertreff, der so ganz anders ist … und das auch für Atheisten. Denn auch sie sollen oftmals echte Genussmenschen sein … Biker eben!

Das Café-Restaurant Edelweiß habe ich zum ersten Mal auf der Website www.biker-treff.de im Internet bei einer Recherche zu einer Reisereportage entdeckt. Vor Ort im prächtigen Klosterdorf Ettal fand ich hier tatsächlich die meisten Mopedfahrer vor, während in den zahlreichen anderen Einkehrmöglichkeiten des Ortes hauptsächlich Reisebus-Rentner einkehrten. Immer wenn ich seitdem durch Ettal komme und mich der kleine Hunger quält, schaue ich im Edelweiß vorbei, sei es auch nur auf einen schnellen Kaffee oder – noch besser – auf einen Apfelstrudel mit Vanillesauce. Übrigens: Die Kuchentheke ist nicht nur eine optische Augenweide!

Ort/Region: Ortsmitte am Kloster Ettal · **Attraktionen:** Frühstück, Mittagstisch, Kaffee und Kuchen plus Benzingespräche
Parkmöglichkeit: wenige vor dem Café, im Ort selbst an Wochenenden schwierig
Öffnungszeiten/Besucherfrequenz: täglich außer Do/stark frequentiert vor allem So vor Beginn einer Tour sowie am späten Nachmittag
Weitere Infos: http://edelweiss-ettal.de

Im Café Edelweiß gibt es garantiert lecker Kaffee und Kuchen.

Zwei Perlen Oberbayerns: Mittenwald im Süden des Werdenfelser Landes
sowie Garmisch-Partenkirchen mit seinem historischen Zentrum

GARMISCH-PARTENKIRCHEN UND DAS WERDENFELSER LAND

Garmisch-Partenkirchen ist nicht nur berühmt für seine alljährlichen BMW Days, die ich hiermit ebenfalls würdigen möchte. Es ist auch ein prächtiger Ausgangspunkt für herrliche Touren im Werdenfelser Land – inklusive einer sehenswerten, weil uralten Geigenbautradition.

Mein Bruder hat im elterlichen Haus viele Jahre Bratsche geübt, und so sind mir das Streichinstrument und dessen Klang sehr vertraut. Und obwohl ich mich von Stehgeigern, die mit heißer Luft, Feuerwerk und Klimbim vom eigenen Mittelmaß abzulenken versuchen, stets abwende – ein Besuch im Geigenbauparadies Mittenwald ist wirklich ein Genuss. Denn hier gibt es echte Kunst zu bestaunen, echtes Können in Sachen Geigenspiel – deshalb ist Mittenwald nicht nur für Musikliebhaber ein höchst überfälliger Pflichttermin.

Wir verlassen die Olympiastadt Garmisch-Partenkirchen gen Südwesten. Via Kaltenbrunn geht es nach Klais und dann gleich mitten hinein ins historische Zentrum von Mittenwald. Eng schmiegen sich in den verwinkelten Gassen die alten Bauernhäuser mit ausladenden Zierbundgiebeln aneinander. Farbenprächtige Lüftlmalereien könnten ganze Geschichte erzählen, und in so manchem Vorgarten hängen an warmen Sommertagen Geigen oder Teile davon zum Trocknen im Wind. Nur zehn Geigenbauer existieren heute noch im Ort, einigen von ihnen kann man gerne auch einmal bei der Arbeit über die Schulter schauen. Toll!

Lust auf einen Kaffee? Sehr empfehlenswert ist die Cafébar Paula in der Innsbrucker Straße 1. Perfekt dazu passend folgt nun noch ein Kurventanz mit einer Prise Tirol, der in Erinnerung bleiben wird. Über das südlich angrenzende Seefelder Plateau geht es an den Nordrand des Inntals, über den Holzleitensattel und den Fernpass – hoffentlich mit wenig Verkehr! – nach Ehrwald am Südfuß der Zugspitze. Werfen Sie noch schnell einen Blick auf den malerischen Eibsee, und schon haben wir Garmisch-Partenkirchen wieder erreicht und können uns abendlichen Genüssen zuwenden, zum Beispiel in der Flößerstube (Schmiedstraße 2).

Start/Ziel: Garmisch-Partenkirchen · **Streckenlänge:** ca. 130 km · **Schwierigkeit:** einfach
Kehren: 10 · **Kurven:** 177 · **Zeitaufwand:** ca. 3 Std. ohne Einkehr
Beste Tourenzeit: So im Juni, weit vor der Hauptreisezeit

45 BMW DAYS – DER NABEL DER BOXERWELT

Einmal im Jahr trifft sich die BMW-Welt, um sich zu feiern und zu zeigen und um gemeinsam glücklich zu sein. Und zwar in Garmisch-Partenkirchen, zu Füßen der Zugspitze. Im Herzen des einzigartigen Werdenfelser Landes – wo auch sonst, darf gefragt werden.

Die BMW Days in Garmisch-Partenkirchen sind europaweit berühmt und stehen alljährlich als fester Termin im Kalender Zigtausender Fans der Bajuwaren-Motorräder. Drei Tage lang heißt es feiern, fahren und fachsimpeln. Immer am ersten Juliwochenende treffen sich am Fuß der Zugspitze gut 40 000 Boxerfans sowie Fahrer anderer Motorradmarken, um nicht nur alle Neuigkeiten aus der BMW-Welt hautnah mitzubekommen. Auch Ausprobieren, Anfassen und der Testride sind ein wichtiger Magnet dieser Veranstaltung. Denn viele Neuheiten und Klassiker der BMW-Motorradpalette dürfen explizit Probe gefahren werden, sei es nur kurz um den Block oder auch geführt auf einer Tour durch das prächtige Werdenfelser Land. Vor allem die geführten Touren sind allerdings rasch ausgebucht, hier heißt es schnell und früh am Start zu sein.

Dazu gibt es auf einer großen Asphaltbühne atemberaubende Stuntshows, geführte Ausfahrten auch mit dem eigenen Moped ins Umland, und am Skihang des Garmischer Hausbergs kann man mit Leihmotorrädern seine Offroad-Fähigkeiten perfektionieren oder – falls noch nicht vorhanden – aufbauen und trainieren. Allerdings stets unter den Augen derjenigen, die es können, die es immer schon mal versuchen wollten, die es besser wissen als andere … und natürlich die sich schlichtweg nicht trauen, es aber niemals zugeben würden. Und Onroad-Freunde genießen derweil perfekt geführte Touren hinaus ins Land.

Ort/Region: Garmisch-Partenkirchen, Südrand, an der Hausbergbahn (ausgeschildert)
Termin: erstes Wochenende im Juli, Freitag bis Sonntag
Attraktionen: Treffen aller BMW-Fans und solcher, die es werden wollen, inklusive kompletter Modellpalette zum Probefahren, Zubehör, Stunt-Riding, Livemusik
Dresscode: alle Marken und Mopeds sind willkommen
Parkmöglichkeit: überwacht, explizit nur für Motorräder
Öffnungszeiten/Besucherfrequenz: ab Freitagmittag bis Sonntagmittag durchgehend »volles Haus«
Tipp: Fr ruhiger, Sa/So werden selbst Mopedparkplätze knapp
Weitere Infos: www.bmw-motorrad.de/de/experience/events/bmd-2019.html

Ein Muss für jeden Boxerfahrer (und jene, die es werden wollen):
die alljährlichen BMW Days in Garmisch-Partenkirchen mit erlebenswertem 3-Tages-Programm

Ein ganz anderer Traum: Gleitschirmfliegen gibt uns ein Gefühl von Freiheit.

TANDEMFLIEGEN AUF DEM WANK – FREI WIE EIN VOGEL

Achtung, dieser Tipp fällt unter das BtMG, also das Betäubungs-mittelgesetz, denn: Er kann süchtig machen. Und das gleich nach dem ersten Mal.

Bevor ich den Motorrad-Führerschein gemacht habe und auf meinem ers-ten Moped, einer gebrauchten und pflichtgemäß leistungsreduzierten Honda Transalp, das nächste große Abenteuer meines Lebens begann, war Gleit-schirmfliegen mein Leben. Dieses einzigartige Gefühl, frei wie ein Vogel in der Luft zu sein und keine Grenzen mehr zu kennen, außer denen der Thermik, die auch für Vögel gelten, ist schlichtweg unglaublich. Jede freie Minute, jedes Wochenende waren wir in den Bergen. Meinen ersten Alleinflug oder gar die Prüfungsflüge für die Lizenz werde ich nicht vergessen. Nie wieder im Leben war ich so aufgeregt, angespannt, schlaflos, aber auch so zweifelnd, so hell-wach und gleichzeitig so lebendig.

Eigene Grenzen als »Milestones« zu erkennen und einfach zu überfliegen, prägt fürs Leben. Wer Ähnliches erleben, aber die damals wie heute recht langwierige und auch teure Ausbildung zum Gleitschirmflieger samt Ausrüs-tung nicht gleich finanzieren möchte, kann bei Tandemflügen mit der Flug-schule Garmisch genau diese Freiheit erleben – mit größtmöglicher Sicherheit vor den Bauch eines erfahrenen Piloten geschnallt. Ein wenig Sportlichkeit und Fitness, festes Schuhwerk samt strapazierbarer, bequemer Kleidung und eine ordentliche Portion Mut sollten Sie aber schon mitbringen – der Rest (sprich: die gesamte Flugausrüstung samt Gurtzeug und dergleichen) wird zur Verfügung gestellt. Doch aufgepasst: So ein Tandemflug am Wank oder wo auch immer kann süchtig machen – ich würde sogar behaupten: er fixt uns an für den Milestone namens Freiheit. Sie werden danach ein anderer Mensch sein. Garantiert!

Ort/Region: auf Garmisch-Partenkirchens Hausberg, dem Wank
Termin: ganzjährig bei passendem Wetter, ein ganz besonderes Erlebnis als »Sidekick« der BMW Days (siehe vorhergehende Seite)
Dresscode: knöchelhohe Wanderschuhe, feste Jeans/Wanderbekleidung, Windschutz, etwas Kondition und Fitness
Parkmöglichkeit: am Wank ausreichend
Weitere Infos: www.fly-garmisch.com

WOLFRATSHAUSER RUNDE – EINE ECHTE GAUDI!

Auch wenn es natürlich eine echte Gaudi ist: Die Floßfahrten von Wolfratshausen auf der Isar nach München sind an dieser Stelle nicht gemeint. Denn mit dem Motorrad ist das Wolfratshauser Land selbst ebenfalls ein echter Genuss. Die Blasmusik können Sie sich ja via Bluetooth in den Helm einspielen.

Wie oft ich in den letzten Jahrzehnten in den Hügelwelten um Wolfratshausen unterwegs gewesen bin, kann ich wahrlich nicht mehr zählen. Denn viele Jahre habe ich mich mit Produkt- und Mopedtests beschäftigt und eben diese Dinge hier im Wolfratshauser Land getestet und fotografiert. Ich möchte sogar behaupten, dass ich hier jede Kurve mit Vornamen kenne. Deshalb: Auf geht's!

Schauen Sie sich auf jeden Fall im bildhübschen Ort Wolfratshausen um – entweder zu Beginn oder am Ende dieser gemütlichen Rundreise, die uns zunächst entlang der Loisach nach Süden bis Eurasburg bringt. Wir queren den Fluss auf Asphalt und wedeln über Baierlach und Schwaigwall zu einem herzlichen »Servus beinand« nach Gartenberg und Geretsried. Und nun geht es ab ins erlebenswerte Outback: über Einöd, Klein- und Großegelsee nach Oed, über Moos-, Atten- und Sonnenham nach Kleindingharting, natürlich gefolgt von … Großdingharting. Ja, das Land hier draußen ist so idyllisch, wie die Weiler heißen. Und die sie verbindenden Pisten gehören an vielen Tagen im Jahr uns ganz allein. Entdecken Sie also diese Herrlichkeit auf Erden.

Apropos Herrlichkeit: Hinter Großdingharting sollten Sie einen Abstecher zum Kloster Schäftlarn einbauen, dessen Biergarten für mich zu den Top-Ten-Biergärten Oberbayerns gehört und einer der beliebtesten Bikertreffs der Region ist. Lassen Sie sich Zeit mit dem Einkehrschwung, der Heimweg nach Wolfratshausen ist ein Kinderspiel. Obwohl dort am Abend das Wirtshaus an der Flößerei am Sebastiani Steeg auf Sie wartet. Und überhaupt: Wer sagt, dass wir nicht zweimal am Tag zünftig einkehren dürfen.

Start/Ziel: Wolfratshausen · **Streckenlänge:** ca. 90 km · **Schwierigkeit:** einfach
Kurven: 159 · **Zeitaufwand:** ca. 1,5 Std. ohne Einkehr
Beste Jahreszeit: Mai bis Juni und ab Okt.

Sogar das oberbayerische Fleckvieh würde manchmal wohl gerne mitfahren,
vor allem rund um Wolfratshausen mit seinen herrlich freien Pisten.

Der Einkehrschwung in Dietramszell ist Pflicht, sollte uns aber keinesfalls
davon abhalten, uns hier auch ausgiebig umzuschauen.

DIETRAMSZELLER LAND – EIN GENUSS IM DOPPELPACK

Wolfratshausen und sein Umland haben Sie begeistert? Dann sollten Sie nicht allzu lange warten, sondern diesen Stimmungspegel halten. Am schnellsten gelingt das, indem Sie den Genuss mit dem direkt östlich an die Wolfratshauser Runde angrenzenden Dietramszeller Land verlängern.

Das beschauliche Dietramszell ist ein typisches bayerisches Dorf, in dem die Kirche das Gesamtbild optisch dominiert, das daneben liegende Wirtshaus aber der wichtigste Treff der Dorfgemeinschaft ist, ob »Mannsbilder« oder »Weibersleut«. Im Jahr 1098 wurde das Augustinerstift gegründet, dessen erster Chef Dietram hieß – über die Entstehung des Ortsnamens benötigen wir diesmal wohl kein zeitgeschichtliches Gutachten. Sein Nachfolger Dietram II. baute die Kirche zu einem Barockjuwel um – werfen Sie deshalb auch als Atheist unbedingt mal einen Blick hinein.

Danach sollten Sie zunächst die angrenzende Klosterschenke ignorieren, eine Einkehr dort kann wieder einmal alle Tourenpläne zunichte machen. Um den Weg über Bairawies, Staubachhof und Ratzenwinkl, weiter über Kirchbichl und Sachsenkam nach Klein- und Großhartpenning sowie Holzkirchen, Otterfing und Sauerlach zu finden, sollten Sie auf jeden Fall die hinterlegten GPS-Daten zu dieser Tour nutzen. Hier bitte den Blinker links setzen – und schon huschen wir noch einmal über die Dörfer nach Endlhausen. Hier steht das historische Dorfgasthaus Doll, das im Herbst 2018 durch einen neuen Pächter gerettet und zu einem bayerisch-italienischen Genusstempel umgekrempelt wurde. Sie sollten es unbedingt ausprobieren!

Wirklich gut genährt schwingen wir über Fraßhausen – der Ort heißt so, besitzt aber komischerweise gar keine Einkehr! – retour nach Dietramszell. Wer noch einen »Absacker« oder Abschiedsgenuss benötigt: Jetzt wäre die Klosterschenke die ideale Adresse. Mit der Diät können Sie schließlich auch nächste Woche noch beginnen.

Start/Ziel: Dietramszell · **Streckenlänge:** ca. 90 km · **Schwierigkeit:** einfach
Kurven: 165 · **Zeitaufwand:** ca. 2 Std. ohne Einkehr
Beste Jahreszeit: Mai bis Juni und ab Okt.

WAS ICH NOCH ERZÄHLEN WOLLTE:
AUF DEN HUND GEKOMMEN

Vier Beine und zwei Räder passen in 99,9 Prozent aller Fälle nicht zusammen – doch dieses 0,1 Prozent hat mir wunderbare Erinnerungen fürs Leben geschenkt.

Ich bin mit Hunden aufgewachsen. Ich liebe Hunde – also richtige Hunde. Leider sind mein Beruf und das Motorradfahren nicht mit dem Besitz eines solchen zu vereinbaren und die Rente noch zu weit weg. Als mein Vater eines Tages ins Krankenhaus musste, holte ich seinen bildhübschen Rauhaardackel Tommy für einige Wochen zu uns nach München. Ein Traum von einem Hund, »tonnenschwer« angefüttert, mit genialer Straßenlage, der mich jedes Mal vor Freude mit seiner gesamten Masse ansprang und beinahe umwarf, wenn er mich sah. Auch meine Lebensgefährtin war in ihn verliebt über beide Ohren.

Eines Tages hatte ich ganz eilig eine Fotoproduktion zum Thema »Motorradgepäck« abzuliefern – samt Aufmachern und *beauty shots*. Tommy wollte natürlich mit, also nahmen wir zum Motorrad noch einen Mietwagen und fuhren hinaus Richtung Dietramszell. Ich fotografierte Koffer und Taschen, Gepäckrollen und Topcases, während meine Freundin und Tommy über Wiesen und Felder trollten. Zu guter Letzt schnallte ich als Hingucker noch einige Plastik-Paketboxen plus Wäschekorb an die Triumph, wuchtete Tommy hinein und stellte ein Bündel Fahraufnahmen nach. Allerdings nur kurz, denn meine Lebensgefährtin konnte bald vor lauter Gelächter nicht mehr auf den Auslöser der Kamera drücken. Denn immer, wenn ich mich auf dem Moped in eine imaginäre Schräglage warf, folgte mir Tommy im Plastikkorb auf dem Gepäckträger des Mopeds zentimetergenau in die gleiche Richtung und offenbarte damit sein angeborenes schauspielerisches Talent. Ja, Tommy wollte gar nicht mehr raus aus dem Plastik-Topcase, sondern verlangte eine Fotostrecke nach der anderen. Erst die Ankündigung, noch in den Biergarten in Endlhausen zu gehen, machte ihn schlagartig wieder »gefügig«. Ein Bild aus dieser Fotoproduktion ziert heute noch seinen Grabstein …

Tipp: Muss ich es überhaupt erwähnen? Plastikboxen am Moped, ganz gleich, wie stabil sie befestigt werden, sind KEINE empfehlenswerte Alternative zu echten Motorradkoffern. Deshalb hier also doch der Hinweis für alle »Kinder«: Bitte das, was Ihr auf dem Foto seht, NICHT nachmachen! Außer für Spaßfotos natürlich …

Geht doch: Motorradfahren und Hund – zumindest auf dieser Gag-Fotoproduktion für den Aufmacher einer Motorradgepäck-Story.

Man trifft sich zentral im Herzen von Bad Tölz direkt am Isarstrand.

TÖLZER LAND INTENSIV – EIN BAYERISCHES BILDERBUCH

Das Tölzer Land ist an vielen Stellen derart schön, dass es fast schon kitschig erscheinen mag. Hier pendeln wir von einem Postkarten- idyll zum nächsten und fragen uns jedes Mal, wie glücklich derjenige sein muss, der hier leben darf.

In zahlreichen Reisegeschichten habe ich im Laufe meines bayerischen Le- bens nun schon über das Tölzer Land erzählen dürfen, habe in prallen Bil- dern und kurzweiligen Texten Motorradfreunde aus allen Teilen Europas dazu animiert, dieser oberbayerischen Region einen Besuch abzustatten. Und kein Zweifel, dieses Thema gehört natürlich auch in dieses Oberbayern-Buch.

Starten wir unsere Rundreise also mit vollem Tank und Kamera-Akku im Kurstädchen Bad Tölz, dem Zentrum aller Genüsse. Ritter Hainricus de Tolnze soll im Mittelalter den Grundstein für diese Stadt gelegt haben. Vor allem die Flößerei auf der Isar wurde für Tölz zu einem entscheidenden Faktor der Stadtentwicklung. Eine neue Zeit brach an, als 1845 die Jodquellen am Sauers- berg entdeckt wurden. Ab 1860 begann der Badebetrieb mit Kurgarten, Kur- saal und bestimmt auch unzähligen »Kurschatten«. Heutzutage ist Bad Tölz als heilklimatischer Kurort weit über Deutschlands Grenzen hinaus bekannt. Und ein überaus beliebter Bikertreff vor oder nach einer Tour. Auf geht's …

Isarabwärts verlassen wir Bad Tölz und wedeln über Unterbuchen und Schwaighofen hinüber zur Loisach, die uns sodann nach Beuerberg leitet. Al- lein schon dieser Teil der Tour fernab jeglichen Verkehrs wird Ihnen gefallen, sicherlich genauso wie der urig-bayerische Boxenstopp im Ort Königsdorf, der sich im Anschluss daran anbietet. Sehr empfehlenswert ist der Biergarten des Postgasthofs Hofherr im Zentrum – authentischer geht es nicht.

Zum Nachtisch empfehle ich Ihnen noch eine ausgiebige Hatz über die Dörfer, nach Huppenberg, hinüber zur Isar und dann stromaufwärts ganz gemütlich wieder Richtung Bad Tölz. Einen perfekten Abschluss dieser Tour bildet dann der Einkehrschwung im historischen Herzen der Kurstadt, beispielsweise im Wirtshaus zum Starnbräu.

Start/Ziel: Bad Tölz · **Streckenlänge:** ca. 50 km · **Schwierigkeit:** einfach
Kurven: 141 · **Zeitaufwand:** ca. 1 Std. ohne Einkehr
Beste Tourenzeit: So/Mai bis Ende Juni und Mitte Aug. bis Ende Okt.

Die Applauskurve im mittleren Abschnitt der Kesselbergstraße ist ein Pflicht-Boxenstopp,
die ganze Geschichte der Strecke erzählt man uns im Walchensee-Museum.

BERÜHMT UND BERÜCHTIGT – DER KESSELBERG

Am oberbayerischen Kesselberg scheiden sich die Gemüter, ja, es prallen Interessen sozusagen frontal aufeinander. Fahrtechnisch höchst bedenkliche Maßnahmen – an denen wir nicht ganz unschuldig sind – sollen uns Biker aus einer Region vergrämen, die zu den schönsten dieses Buches gehört. Schauen wir uns unter Beachtung sämtlicher Regeln die Strecke an.

Zwar wurden die vor Jahren stets vor den Kehren im Straßenbelag quer zur Fahrtrichtung installierten Rüttelstreifen inzwischen wieder entfernt, weil auch die borniertesten Dorfpolitiker dort ihre Gefährlichkeit erkannt hatten, dennoch möchten vor allem Anwohner uns Biker immer noch gerne ganzjährig aus der Region vergrämen. Eine Einstellung, die ich schon ein Stück weit nachvollziehen kann. Und so haben es zahlreiche intelligenzfreie Krawall-Biker mit ausgeräumten Auspufftöpfen beinahe geschafft, uns Motorradfahrern eine herrliche, ja, legendäre Bergstrecke für immer wegzunehmen. Was geblieben ist, ist zurzeit ein Fahrverbot an Wochenenden und Feiertagen ausschließlich für Biker sowie eine konsequente 60er-Limitierung, die uns aber nicht davon abhalten soll, den Kesselberg samt Umland zu erfahren.

Starten wir also dazu im malerischen Krün oder Wallgau und schwingen ohne Eile am Westufer des einzigartigen Walchensees entlang zum berühmten Kesselberg. Zwölf Kehren samt einer Applauskurve erwarten uns mit dem Vorteil, dass der Kesselberg nur aus dieser Richtung ohne Verbot befahrbar ist, … und zwar jeden Tag der Woche. Wir umrunden den Kochelsee im Osten und können in Schlehdorf gegenüber dem Kloster gerne auch einkehren, bevor wir in einem weiten Bogen über Großweil, Ohlstadt und Eschenlohe nach Oberau fahren und dann geduldig mit Kohorten an Ausflüglern durch Garmisch-Partenkirchen tuckern. Wenn Sie noch einen Boxenstopp benötigen: Nahe Kaltenbrunn ist der Schweizerbartl oberhalb der Bundesstraße nicht zu übersehen. Der Rest des Rundweges nach Krün ist dann nur noch ein Kinderspiel.

Start/Ziel: Krün · **Streckenlänge:** ca. 80 km · **Schwierigkeit:** einfach, der Kesselberg abschnittsweise mittelschwer · **Kehren:** 13 · **Kurven:** 89 · **Zeitaufwand:** ca. 2 Std. ohne Einkehr **Beste Tourenzeit:** wochentags, keine Einschränkung durch Fahrverbote

KESSELBERGSTRASSE – APPLAUSKURVE

Die Applauskurve am Kesselberg zu erreichen, ist gar nicht so einfach. Aber es lohnt sich, schließlich gibt es dort viel zu gucken.

Gott sei Dank ist der Kesselberg für Genussfahrer heute wieder eine historisch wertvolle Bergstrecke, die wir weitgehend frei von so viel Unvernunft im Mopedsattel erfahren können. Und wo wir dennoch in eben jener Applauskurve genügend zu sehen und zu diskutieren finden. Denn den Kesselberg komplett für Biker zu sperren, wäre fahrerisch ein echter Verlust gewesen.

Ort/Region: Applauskurve am Kesselberg · **Attraktionen:** ein Parkplatz (nur aus Richtung Kochel anfahrbar!), eine grandiose Aussicht, viel Schräglage zu gucken und zu benoten
Parkmöglichkeit: in den Kurven für Pkw und Motorräder
Öffnungszeiten/Besucherfrequenz: ganzjährig von Kochel aus unter der Woche zugänglich, an Wochenenden und Feiertagen für Biker gesperrt
Weitere Infos: https://de.wikipedia.org/wiki/Kesselberg_(Bayern)

WALCHENSEE-MUSEUM – DIE PRACHT DES KESSELBERGS

Das Walchensee-Museum präsentiert die pralle Geschichte der Region inklusive vieler sehenswerter Relikte aus den Zeiten des legendären Kesselbergrennens für Motorräder, Touren- und Rennwagen, also jenen Tagen zwischen 1905 und 1935. Gezeigt werden Chroniken, alte Bücher, Sammlergut, Postkarten, Zeitungsberichte und Siegerpreise aus längst vergangenen Renntagen, als Hans Struck und Rudolf Caracciola teilnahmen und sich das Interesse der gesamten westlichen Welt auf den Kesselberg richtete.

Ort/Region: Urfeld 4, am Nordzipfel des Walchensees (ausgeschildert), Tel. 089/92 86 00 92
Attraktionen: sehenswerte Zeitreise in Bildern, Filmen, Kunst und Exponaten durch die Geschichte der gesamten Region – inklusive des legendären Kesselbergrennens
Parkmöglichkeit: am Museum · **Öffnungszeiten:** Juni bis Sept. Do bis So 10.30 bis 16 Uhr
Tipp: Ausflugstipp fürs Wochenende, da das Museum gut strukturiert und selten überlaufen ist
Weitere Infos: www.walchenseemuseum.de, www.historisches-lexikon-bayerns.de

Die Applauskurve im mittleren Abschnitt der Kesselbergstraße ist ein Pflicht-Boxenstopp, die ganze Geschichte der Strecke erzählt man uns im Walchensee-Museum.

54 JACHENAU – OHNE JEDEN ZWEIFEL LEBENSABEND-GEEIGNET

Es gibt Sackgassen, die sind herrlich, die sind ein landschaftlicher und fahrerischer Genuss. Und es gibt die Jachenau, die eigentlich keine echte Sackgasse ist. Dafür aber ein wohl einzigartiger Genuss, landschaftlich und fahrerisch. Und kulinarisch sowieso ...

Die Fahrstrecke in der Jachenau ist gerade einmal zwei Kilometer lang, hat keine Kehren und nur wenige Kurven. Doch Naturfreunde und tourende Entdecker sollten für diese perfekt asphaltierte Strecke mindestens ein Stündchen Lebenszeit investieren – sie werden es nicht bereuen. Über Lenggries geht es schwungvoll hinein in dieses einzigartige Hochtal. Verschlafene Weiler und bäuerliche Siedlungen zieren die Strecke, und mitten im Hauptort Jachenau weist rechter Hand eine kleine Tafel zum Ortsteil Berg. Vorbei an Bildstöcken – oder Marterln, wie es in Bayern heißt – schlängelt sich eine kaum mehr als lenkerbreite Piste scheinbar bis hinauf in des Himmels Unendlichkeit. Sonnenbänke laden zur Rast ein – aber aufgepasst: Es ist schön hier oben, sodass sich Tourenpläne wie Seifenblasen auflösen können!

Mein Einkehrtipp in der Jachenau ist der Gasthof Jachenau mit dem schönsten Biergarten des Tales. Danach sollten Sie sich ein ganz besonderes »Schmankerl« gönnen: die Fahrt zum malerischen Walchensee über die gering mautpflichtige Privatstraße am Südufer mit einzigartigen Ausblicken. Der Walchensee ist schließlich einer der tiefsten und größten Bergseen Deutschlands. Und einer der geheimnisvollsten. Bis in das 18. Jahrhundert soll es üblich gewesen sein, geweihte Goldmünzen in der Mitte des Sees zu versenken, um die Seegeister gnädig zu stimmen. Zudem hält sich hartnäckig das Gerücht, dass im April 1945 die Wehrmacht Teile der Reichsbank-Goldreserven im See versenkt haben soll. Über 300 Säcke mit jeweils zwei Goldbarren sollen es gewesen sein, dazu viele Kisten mit Gold- und anderen Münzen.

Falls Sie meinen Lieblingsrundkurs weiter erfahren möchten, geht es im Ort Wallgau links ab und über die zweite Mautstrecke des Tages nach Vorderriß am Sylvenstein.

Start/Ziel: Lenggries · **Streckenlänge:** ca. 80 km · **Schwierigkeit:** einfach
Kurven: 117 · **Zeitaufwand:** ca. 2 Std. ohne Einkehr oder Picknick
Beste Tourenzeit: wochentags im Bergfrühling oder Herbst

Einfach herrlich: Eine der »himmelführenden« Sackgassen in der Jachenau.
Aber auch der Abstecher nach Wallgau und Kran lohnt sich von dort aus.

Nicht nur meiner Meinung nach: Eine der schönsten Sackgassen der gesamten Alpen ist die Mautstraße in die Eng mit ihren überwältigenden Panoramen.

ENGTAL UND KARWENDEL – ÜBERWÄLTIGENDE ALPENPRACHT!

Das Engtal ist eine der schönsten Sackgassen der Alpen und der Große Ahornboden ganz am Ende der Strecke für mich sogar das prächtigste Hochtal, das wir im Mopedsattel erfahren können. Wo sonst gibt es für vier Euro Maut einen größeren Gegenwert?

Obwohl ... die Frage muss ich etwas relativieren. Im Zillertal nämlich gibt es eine ebenso »teure« Mautstrecke, die noch mehr zu bieten hat, aber definitiv fernab aller Regionen dieses Buches liegt. Im Gegenzug dürfen wir an dieser Stelle aber auch ignorieren, dass jenes Engtal ebenfalls bereits auf österreichischem Boden liegt.

Wir starten im hübschen Lenggries nach einem ausgiebigen Frühstück, zum Beispiel im Café Hansbaur im Steinbach. Dann geben wir dem Moped die »Zügel lang« und flitzen hinauf zur Staumauer des Sylvenstein-Stausees (zum Bikertreff hier siehe Kapitel 57), setzen nun aber den Blinker rechts Richtung Vorderriß. Hoch über dem ganzjährig zapfig kalten See trägt uns eine weit geschwungene Betonbrücke zum heutigen Dorf Fall und am Südufer des Sylvensteins an vielen Parkbuchten und Seezugängen vorbei zu den Häusern von Vorderriß, wo die Biker gerne im Gasthaus Post direkt an der Straße einen Stopp einlegen ... falls Sie der kleine Hunger plagt.

Dann geht es schnurstracks weiter gen Süden, direkt hinein ins Herz des Karwendels. Die Mautstrecke durch das Engtal zum Großen Ahornboden ist nur 25 Kilometer lang, aber vom Frühling bis in den Herbst hinein ein fahrerischer und landschaftlicher Leckerbissen für uns Motorradfahrer. Entlang des rauschenden Rissbaches erklimmen wir gemütlich einige Höhenmeter, bis sich der Große Ahornboden mit seinen bis zu 500 Jahre alten Ahornbäumen vor unserem Windshield öffnet. Im Herbst entfalten die Bäume auf dem weiten Talschluss eine einzigartige Farbenpracht, garniert mit den 2600 Meter hoch aufragenden Felswänden des Karwendelmassivs. Und ganz am Ende erwarten uns nicht nur einige durchaus konditionsfordernde Wanderwege, sondern auch das beliebte Gasthaus in der Eng.

Start/Ziel: Lenggries · **Streckenlänge:** ca. 50 km · **Schwierigkeit:** einfach
Kurven: 77 · **Zeitaufwand:** ca. 1–2 Std. ohne Einkehr
Beste Tourenzeit: wochentags Sept. bis Okt.

56 WIRTSHAUS IN DER ENG – ZUM SEUFZEN SCHÖN

Ich kann gar nicht mehr zählen, wie oft ich schon in der Eng am Ende der Mautstraße den Seitenständer ausgeklappt und mich mit mir selbst oder Freunden zu einem zweiten Frühstück im Wirtshaus in der Eng verabredet habe. Ja, selbst meine sparsamer veranlagte Lieblingssozia war beim Anblick von Großem Ahornboden und atemberaubenden Felslandschaften stets bereit, für Kaffee und Kuchen einen kleinen Preisaufschlag zu bezahlen. So schön ist es hier im Herzen des Karwendels, einem meiner absoluten *happy places* in Oberbayern. Übrigens: ein hervorragend bewirtschafteter außerdem!

Ort/Region: Ende der Mautstraße ins Rißtal, in die Eng
Parkmöglichkeit: zuhauf
Öffnungszeiten/Besucherfrequenz: Winterruhe bis ca. April/freitagnachmittags
vor der Wochenend-Rushhour und sonntagvormittags gut besucht
Weitere Infos: www.eng.at

57 SYLVENSTEIN-STAUMAUER – FÜR UNS BIKER RENOVIERT

Dem Sylvenstein begegnen Sie in mehreren Touren in diesem Buch – der Bikertreff auf der Mauer war viele Jahre lang Kult, legte dann allerdings aufgrund der Staumauer-Sanierung eine ausgiebige Pause ein. Seit 2018 erobert er sich aber wieder seinen Stammplatz und Kultstatus in Bikers Roadbook zurück. Denn die Parkplätze auf und entlang der Staumauer wurden erfreulicherweise nicht reduziert, sondern sind auch heute wieder für lau anfahr- und nutzbar. Wir müssen sie uns zwar mit einigen »Dosen-« und Wohnmobilfahrern teilen, aber das ist in Ordnung.

Ort/Region: Staumauer des Sylvenstein-Sees südlich von Lenggries
Attraktionen: Abstell- und Parkmöglichkeit, zwanglose Benzingespräche, keine Bewirtung!
Parkmöglichkeit: ausreichend
Weitere Infos: www.landeskraftwerke.bayern

Eine Sackgasse, ein Hochtal – und ein paar Wirtshäuser oder Almen – braucht es mehr, um glücklich zu sein? Die Sylvenstein-Staumauer zählt zu den traditionellen Bikertreffs Bayerns.

Ordentlich hoch hinaus mit herrlichen Panoramen – auch das ist Oberbayern.

Erst zur genüsslichen Einkehr und dann zur genüsslichen Kurvenhatz
durchs Karwendel – oder anders herum, ganz wie Sie mögen.

GASTHAUS POST IN VORDERRISS – VON ALLEN SEITEN BEGEHRT

An der Post in Vorderriß kommt keiner vorbei – außer vielleicht mit geschlossenen Augen, was allerdings während der Mopedfahrt ausdrücklich nicht zu empfehlen ist! Und selbst dann meldet unsere Nase unwiderstehlichen Bratenduft – und es ist geschehen.

Sie war der Jagdsitz bayerischer Könige und des Adels. Sie war ein Lieblingsziel von Ludwig Thoma in seiner Heimat. Auch wer heute den Sylvenstein besucht oder gar einen Abstecher ins Karwendel plant, wer vom Walchensee nach Bad Tölz die Isar entlanghuscht … sie alle kommen am Wirtshaus Post in Vorderriß vorbei. Und klappen hier in aller Regel, wenn auch nur kurz, den Seitenständer aus, denn vor dem urigen Wirtshaus parken meist schon fünf bis 15 Motorräder sauber aufgereiht. Das verlockt ebenso wie der Anblick des schattigen Biergartens unter riesigen, kerngesunden Kastanien.

An schönen Sommertagen zählt der Wirt schon mal 50 Biker und mehr, die sich hier nach einer Runde durch das Tölzer Land verabredet haben, ob zu deftiger Brotzeit oder bayerischer Hausmannskost inmitten dieses urigen Ambientes, mit einem Biergarten, wie er authentischer nicht sein kann. Die Wirtsleute Ellinger wissen, was sie an uns Bikern haben, deshalb sind wir hier, in dieser einzigartigen Lage direkt am Isarstrand, ganz besonders herzlich willkommen.

Wer am Abend müde von der Kurvenhatz des Tages hier gerne übernachten möchte, findet vom einfachen und günstigen Touristenlager mit Mehrbettzimmern bis hin zur voll ausgestatteten Ferienwohnung alles, was es braucht, um sich perfekt zu erholen. Am nächsten Morgen gibt es dann ein Frühstück im Sonnenteil des Biergartens – kann ein Tourentag in Oberbayern schöner beginnen? Ich glaube kaum … Und nach dem Frühstück geht's hinaus zu den Herrlichkeiten von Isar und Karwendel.

Ort/Region: Westzipfel des Sylvenstein-Stausees, wo der Abzweig zum Karwendelgebirge ins Engtal in die B 13 einmündet
Attraktionen: original bayerisches Wirtshaus mit Biergarten und regem Motorradverkehr
Parkmöglichkeit: ausreichend, teilweise gekiest
Öffnungszeiten/Besucherfrequenz: ganzjährig, Mo/Di Ruhetag/vor allem an den Wochenenden ab Freitagnachmittag gut besucht
Weitere Infos: www.post-vorderriss.de

59 EIN HOCHWASSERSCHUTZ MIT EINZIGARTIGEM BIKERTREFF

Nicht nur, dass die Entstehungsgeschichte des Sylvensteinstausees zu den spannendsten Bayerns gehört; seine vor einiger Zeit modernisierte und ausgebaute Staumauer zählt zudem zu den beliebtesten Motorradtreffpunkten des Freistaats – vor allem am Wochenende …

Wir beginnen den »Aufstieg« zum Sylvensteinspeicher im malerischen Bad Tölz am Isarstrand gen Süden. Meiden Sie die B13, deren gut ausgebaute Strecke viel zu langweilig für eine genüssliche Motorradtour ist. Queren Sie vielmehr die Isar und suchen Sie den Wegweiser nach Bibermühle und Ott sowie die Landstraße ST2072. Sie führt westlich der Isar in vielen Kurven flussaufwärts durch ein sehenswertes Sammelsurium an Weilern und Ortschaften bis nach Lenggries, einem durch die Isar zweigeteilten Städtchen unterhalb des Sylvensteins.

Nolens volens müssen wir jetzt doch auf die B13 und eilen durch dunklen Tann hinauf in die Bergwelt der Tölzer Alpen. Es folgt ein Hochtal, wir queren erneut die Isar, erklimmen die letzten Höhenmeter … und auf einmal öffnet sich der Blick auf den mächtigen Stausee. Hier erwarten uns genügend legale Parkplätze – und vermutlich schon die ersten Motorradkollegen mit Fotohandy (manche sogar mit Selfiestick, man glaubt es kaum!). Von 1954 bis 1959 entstand der wunderschön gelegene Stausee, für den das alte Bauern- und Jägerdorf Fall von der Landkarte getilgt werden musste – 1957 wurden die Bewohner zwangsumgesiedelt. Das alte Dorf soll auch heute noch bei niedrigem Wasserpegel und günstigem Lichteinfall am Grund des Sylvensteinsees zu erkennen sein. Vielleicht auch deshalb ist dieser ein wenig geheimnisvolle See so beliebt bei Jung und Alt als Bade- und Schnorchelparadies.

Einen besonders schönen Blick hat man vom Parkplatz an der Brücke Richtung Vorderriß. Benzingespräche führen kann man allerdings am eigentlichen Bikertreff leichter. Zurück nach Bad Tölz gönnen wir uns anstelle der B13 die rechts davon verlaufende Piste über Steinbach, Rain, Taxern und Untergries. Genießen Sie es!

Start/Ziel: Bad Tölz · **Streckenlänge:** ca. 55 km · **Schwierigkeit:** einfach
Kurven: 177 · **Zeitaufwand:** 1 Tag mit Picknick, Einkehr oder Besichtigung
Beste Tourenzeit: Anfang Mai bis Ende Okt., im Juli und Aug. an den Wochenenden sehr voll

Eine Staumauer als Bikertreff? Warum nicht auch mal. Der Sylvenstein-Stausee zählt zu den größten und auch geheimnisvollsten Oberbayerns.

Großer Preis von Bayern

Int. Motorrad Classic Grand Prix

13. Juli 2019
9.00 - 18.00 Uhr

14. Juli 2019
9.00 - 14.00 Uhr

KAMPENWAND
HISTORIC

Aschau im Chiemgau
Festhallengelände

5. Kampenwand-Historic 2019

Alle Infos unter: **www.kampenwandhistoric.de**

Unterstützt durch:

Alljährlich eine rundherum erlebenswerte Schau – der Große Preis von Bayern

KAMPENWANDHISTORIC – NICHT NUR FÜR FINANZBEAMTE

Schloss Hohenaschau ist nur in Teilen für Otto Normalverbraucher zugänglich. Der Int. Motorrad Classic Grand Prix Kampenwandhistoric zu Füßen des Schlosses ist für alle da. Und ein Event für Groß und Klein, für Jung und Alt.

Zum fünften Mal findet Mitte Juli die Kampenwandhistoric und im speziellen der »Große Preis von Bayern« statt. Vor der malerischen Kulisse von Schloss Hohenaschau – Sie erinnern sich: die Ferienresidenz bayerischer Finanzbeamter! – kämpfen historische Motorräder circa ab Baujahr 1924 in Gruppen um den Sieg im Gleichmäßigkeitsfahren.

Gleichmäßigkeitsfahrten sind Prüfungen, bei denen ein Fahrzeug nicht wie in Rennen möglichst schnell – und damit letztendlich auch eher gefährlich – gefahren werden muss, sondern möglichst gleichmäßig (langsam) innerhalb einer vom Veranstalter vorgegebenen Sollzeit. Diese Veranstaltungs- bzw. Wettbewerbsart ist besonders für historische Fahrzeuge geeignet, da bei diesen die Einteilung in Fahrzeugklassen und Geschwindigkeitsgruppen schwierig bis teilweise sogar unmöglich ist. Zudem sind Gleichmäßigkeitsfahrten in der Regel mit niedrigeren Risiken und Kosten verbunden, und auch die technischen Belastungen für die teilnehmenden Fahrzeuge sind gering.

Bei der Kampenwandhistoric gibt es außerdem ein buntes Rahmenprogramm inklusive Open-Air-Kino und einem Fahrerlager »zum Anfassen«. Vor allem der Samstag ist der vielleicht vorentscheidende Renntag auf dem Gelände; am Sonntag folgt dann der letzte Wertungslauf samt Siegerehrung; all das mit viel erlebenswertem Drumherum inmitten einer wohl einzigartigen Kulisse unterhalb von Schloss Hohenaschau – dem beliebten Finanzbeamten-Feriendomizil.

Ort/Region: Aschau, Gelände unterhalb von Schloss Hohenaschau
Termin: Mitte Juli
Attraktionen: historische Rennstrecke mit Gleichmäßigkeitsfahrten,
frei zugänglichem Fahrerlager und vielen Events
Parkmöglichkeit: ausreichend
Öffnungszeiten: Freitagnachmittag bis Sonntagnachmittag
Tipp: Sa/So ist Ringelpiez mit »Anfassen«, wer es beschaulicher mag, sollte den Fr nutzen
Weitere Infos: www.kampenwandhistoric.de

TEGERNSEE-RUNDE – HALBTAGES-GENUSS MIT REISEWARNUNG

Um den Tegernsee zu umrunden, benötigt man eigentlich keine durchgetextete Tourenbeschreibung, werden Sie vielleicht denken. Weit gefehlt! Gerade an diesem weltberühmten Gewässer kann man – unvorbereitet – einige gravierende Fehler machen.

Lassen Sie uns mit dem Anblick des historischen Tegernseer Brauhauses im Ort Tegernsee starten. Doch bevor es losgeht, hier eine explizite Reisewarnung: Fahren Sie diese Runde bitte nicht an einem Wochenende im Juli und August; die Blechlawine aus Touristen und Münchnern ist endlos. Außerhalb dieser Stoßzeiten ist die 65-Kilometer-Runde hingegen ein Genuss für alle Sinne. Immer auf Tuchfühlung zum Tegernsee, geht es ins südliche Rottach-Egern. Dort wählen wir die direkten Uferstraßen – Achtung: einige davon sind Einbahnpisten – und genießen trotz aller Verbauung die Aussicht auf den See.

Der Gründung eines Benediktinerklosters im Jahr 746 n. Chr. ist es zu verdanken, dass die Geschichte des Tegernseer Tales so richtigen Schwung bekam. Das Kloster Tegernsee war bis zur Säkularisierung 1803 fast 1100 Jahre lang die wichtigste Benediktinerabtei Oberbayerns. Bayernkönig Max I. übernahm das zwangsaufgelöste Kloster danach als Sommerresidenz und lockte so wahre Heerscharen des Adels ins prachtvolle Tal, und auch Ludwig Thomas und Ludwig Ganghofers schwärmerischen Erzählungen folgten zunächst die herrschaftlichen »Sommerfrischler« und bald darauf ganzjährig die Touristen.

Auch in Bad Wiessee gibt es die eine oder andere freie Zufahrt zum See. Und außerdem die Möglichkeit zum Besuch des Spielkasinos. Anschließend lockt eine kurvenreiche Runde in die bewaldete Hügelwelt des Westufers. Folgen Sie einfach der Breitenbachstraße gen Westen. In Marienstein kommen wir zurück in die Zivilisation und werfen einen Blick hinein nach Waakirchen, Gmund sowie ins östlich angrenzende Mangfalltal, bevor wir vor Sankt Quirin wieder das Ostufer des Tegernsees erreichen, gemütlich zum Ausgangspunkt schwingen und im beliebten Gasthaus Bräustüberl einkehren.

Start/Ziel: Tegernsee · **Streckenlänge:** ca. 70 km · **Schwierigkeit:** einfach
Kehren: 7 · **Kurven:** 150 · **Zeitaufwand:** ca. 6 Std. mit Einkehr oder Besichtigung
Beste Tourenzeit: Anfang Mai bis Ende Okt., im Juli und Aug. nicht an den Wochenenden von Sa bis So

So einzigartig schön er auch sein kann, so proppenvoll präsentiert
er sich uns am Sommer-Wochenenden: der Tegernsee mit seiner Pracht.

Dringender Korrekturbedarf: Bislang sind Zweiräder bei diesem Event dramatisch unterrepräsentiert.

TEGERNSEE CLASSIC – AUCH AUF VIER RÄDERN SEHENSWERT

Historische Motorräder sind hier zwar selten vertreten, Technikfreaks kommen aber dennoch voll und ganz auf ihre Kosten. Wenn Sie also daheim im »Stall« ein historisches Motorrad einsatzbereit stehen haben, gönnen Sie sich die Teilnahme. Spaß macht das auf alle Fälle …

Bei der Tegernsee Classic des Motorsport-Clubs Tegernsee e.V. sind zwar eigentlich Fahrer und Besitzer von Oldtimer-Automobilen angesprochen (die Prüfungen sind Wertungsfahrten für den ADAC Classic Revival Pokal), aber es wurden auch schon historische Motorräder, ja, sogar Traktoren auf dem rund 145 Kilometer langen Rundkurs durch das herrliche Tegernseer Tal gesichtet. Der Kurs selbst beinhaltet vier streng kontrollierte Gleichmäßigkeitsprüfungen, deren Zeitnahme mit einer Hundertstel-Sekunden-Genauigkeit gemessen wird. Bei Oldtimern durchaus eine Genauigkeit, die ungewöhnlich und selten ist. Aber natürlich nicht minder gerecht.

Wer selbst mitfahren möchte und im Besitz eines geeigneten Gefährts ist, bekommt für seine Teilnahmegebühr vor der Wertungsfahrt sogar noch ein original bayerisches Weißwurstfrühstück spendiert, mit dem man alle theoretisch möglichen Dopingkontrollen anstandslos passieren können sollte. Zudem sind für die Gleichmäßigkeitsprüfungen ausdrücklich alle technischen, moralischen, ethischen und sonstigen Hilfsmittel zugelassen. Unserer Fantasie zum Erreichen des Siegertreppchens sind also außer vielleicht physikalischen keine wesentlichen Grenzen gesetzt. Deshalb mein Appell an Sie: Seien Sie kreativ und gewinnen Sie den Pokal für uns Motorradfahrer! Gar herrlich kombinieren lässt sich die Teilnahme an der Tegernsee Classic auch mit einem Urlaubs-Wochenende – oder gar einer ganzen Urlaubswoche – in der einzigartigen Tegernsee-Region. Wer das plant, sollte allerdings Unterkünfte früh buchen, denn im August ist Hochsaison.

Ort/Region: Tegernseer Tal, insbesondere Rottach-Egern
Termin: Mitte August
Attraktionen: Oldtimer-Aus- und Rundfahrt für klassische und historische Fahrzeuge
Parkmöglichkeit: etwas außerhalb (ausgeschildert)
Öffnungszeiten: ab 9 Uhr
Tipp: Siegerehrung am Nachmittag nicht versäumen!
Weitere Infos: http://msc-tegernsee.de

63 DAS BRAUHAUS ZUM TEGERNSEE – SEHEN UND GESEHEN WERDEN

Genau genommen heißt die Location Herzogliches Bräustüberl im Brauhaus Tegernsee und befindet sich in einem Seitentrakt des ehemaligen, 1803 von Bayernkönig Max I. aufgelösten Benediktinerklosters. Fast 1000 Jahre Geschichte hat das Brauhaus zu erzählen. Eine Einkehr zum Weißwurst-Essen am Vormittag oder zur Abrundung einer herrlichen Tour durchs Tegernseer und Tölzer Land gehört für mich einfach zum Genuss dazu. Allerdings mit einer Einschränkung: Sonntags im Sommer ist dort sprichwörtlich die Hölle los, da finden selbst kofferbefreite Mopeds keinen Stellplatz mehr. Und das macht keinen Spaß …

Ort/Region: Ort Tegernsee, direkt am Seeufer in einem großen Park
Attraktionen: pralle Geschichte, uriges Wirtshaus, gutes Bier (auch alkoholfrei)
Parkmöglichkeit: direkt am Brauhaus, teilweise gekiest
Öffnungszeiten: täglich ab 9 Uhr · **Weitere Infos:** www.braustuberl.de

64 TREFF AM SCHLIERSEE – PARKPLATZ DER GLÜCKSELIGKEIT

Unzählige Male stand ich schon am Ostufer des Schliersees und habe dessen unglaublich vielfältige Stimmungen genossen. Gibt es einen schöneren Ort auf Erden? Ich bezweifle es oftmals. Bei meinen Verschnaufpausen habe ich auch festgestellt, dass sich vor allem am Südzipfel des Sees auf einem großen, gekiesten Platz mit direktem Seezugang nicht nur Badenixen und Wassermänner regelmäßig treffen, sondern auch Biker-Kollegen, die sich zu Tagestouren im Umland verabredet haben. Benzingespräche sind rasch »entfacht« – einfach spontan den Seitenständer ausklappen und schauen, was geht.

Ort/Region: Südspitze des Schliersees, großer Parkplatz, teilweise gekiest
Attraktionen: zentraler, gut gelegener Treff ohne Bewirtschaftung
Parkmöglichkeit: ausreichend · **Öffnungszeiten/Besucherfrequenz:** ganzjährig/
beliebt vor allem am Wochenende morgens · **Weitere Infos:** www.schliersee.de

Zwei mehr als prächtige Ausflugstipps auch für Biker:
das Brauhaus Tegernsee und der Treff am Schliersee – gleich nebenan

Welch eine Kombination: Während der Achenpass uns nett,
aber eher unscheinbar begrüßt, besitzt der Achensee den echten »Wow«-Effekt.

ACHENPASS UND ACHENSEE – MIT PFLICHTTERMIN IN TIROL

Der Achenpass ist einer der wenigen echten deutschen Alpenpässe – fahrerisch ein Kinderspiel, landschaftlich »ganz nett«. In Kombination mit einem Abstecher zum größten (und schönsten!) See Tirols wird daraus aber ein tagesfüllender Genuss. Versprochen!

Rein theoretisch können Sie auch diese Tour mit Einkehrschwung im bereits erwähnten Bad Tölz am Isarstrand starten und enden lassen. Oder aber im nicht minder sehenswerten Rottach-Egern am Südzipfel des Tegernsees. Von dort aus geht es ohne Umschweife Richtung Süden über Kreuth und das berühmte Wildbad-Kreuth hinauf in bereits alpines Gelände. Vorbei an idyllisch liegenden Almen und zahlreichen Wanderparkplätzen samt Einkehrmöglichkeiten erreichen wir den Achenpass auf 941 Metern über Meereshöhe. Passen Sie auf, dass Sie die Passhöhe samt Schild vor lauter Spaß am Motorradfahren nicht schlichtweg »überfahren«, falls Sie ein Beweisfoto planen. Sobald sich die Nase des Bikes wieder senkt, sind Sie auf dem Weg hinunter.

Nun erfreuen uns sogar einige Kurven inmitten eines engen Flusstales, die uns in herrlichen Rechts-Links-Kombinationen hinab zu einer großen Kreuzung leiten. Rechter Hand geht es zum Sylvenstein sowie nach Bad Tölz, geradeaus direkt zu einer Stippvisite ins erlebenswerte Hochtal rund um den Achensee. Er ist der größte See Tirols, besitzt hervorragende Wasserqualität und wird aufgrund seiner Größe und der für Surfer oftmals im Jahr geradezu idealen Windverhältnisse gerne auch als »Tiroler Meer« bezeichnet. Seine Uferstraße ist reich an Panoramen, und es gibt genügend Parkplätze, um diese in Ruhe zu genießen. Am Nord- sowie am Südzipfel des Sees erwartet uns zudem eine umfangreiche Gastronomie zum genüsslichen Einkehrschwung. Sehr empfehlenswert ist der Dorfwirt in Pertisau – und auch nicht zu verfehlen.

Übrigens: Ein absolut lohnender Abstecher zweigt noch vor dem See links ab und führt uns auf das ausgeschilderte Hochplateau von Steinberg am Rofan. Traumhaft schön gelegen, selbst im Hochsommer fernab aller Hektik.

Start/Ziel: Rottach-Egern · **Streckenlänge:** ca. 115 km · **Schwierigkeit:** einfach
Kurven: 88 plus retour · **Zeitaufwand:** 1 Tag mit Einkehr oder Besichtigung
Beste Tourenzeit: Anfang Mai bis Ende Okt., im Juli und Aug. an den Wochenenden
am Tegern- und Achensee sehr voll

66 SCHLIERSEE UND SPITZINGSEE – VON TRAGISCHEN SCHICKSALEN

Schlier- und Spitzingsee sind meine perfekten Ausweichziele, wenn sich rund um den Tegernsee mal wieder Touristen und Münchner, Autos und Reisebusse stapeln. Dann ist es am Schliersee zwar auch quirlig, aber niemals so proppenvoll wie gleich nebenan.

Wir starten im sehenswerten Städtchen Miesbach – wer möchte, kann zuvor noch ein Café in den verwinkelten Altstadtgassen (Tipp: Elisabeth's Platzerl am Stadtplatz) oder einen der zahlreichen Märkte besuchen. Doch trödeln Sie nicht zu lange, denn im Süden lockt bereits der sagenumwobene Schliersee, im Gegensatz zu seinem großen »Bruder« Tegernsee noch weitgehend unberührt. Der heimkehrende Kreuzritter von Waldeck soll einstmals sein frisch angetrautes Weib in flagranti mit seinem Schlossvogt erwischt haben. Vor Wut schnaubend, sperrte er beide in einen eigens erbauten Turm auf einer kleinen Insel mitten im See ein. Sie verhungerten dort jämmerlich. Jahrhundertelang hat danach niemand den Turm betreten, bis er schließlich einstürzte und alle Schicksale unter sich begrub. Nur ab und zu in dunklen Neumondnächten sollen auch heute noch kleine Flämmchen zwischen Insel und Seeufer tanzen – die Seelen der beiden Verstorbenen finden einfach keine Ruhe, so sagt man.

Genießen Sie die freie Fahrt entlang des Ostufers samt Ausblicken auf den See. Ein weiterer Einkehrtipp folgt am einzigartigen Spitzingsee, den wir nun über eine mautfreie Sackgasse erobern. Blicken Sie im Scheitelpunkt aber nochmals zurück auf den Schliersee, der sich malerisch im Rückspiegel drapiert. Der Spitzingsee ist zwar eigentlich ein Wanderparadies, aber auch für Biker lohnt sich ein kurzer Abstecher hinauf zum knapp 1000 Meter hoch gelegenen Bergsee mit seinem herrlichen Panorama. Übrigens: Eine Runde Tretbootfahren auf dem Spitzingsee lockert nicht nur die verspannte Bein- und Gesäßmuskulatur, es bieten sich auch ganz neue Ausblicke auf die Berglandschaft. Und mein Einkehrtipp gilt der Klausenhütte direkt am Südufer des Sees im Ort. Retour geht es über Fischbachau und Hundham, garniert mit der einzigen echten Spitzkehre dieses Tourentages.

Start/Ziel: Miesbach · **Streckenlänge:** ca. 45 km · **Schwierigkeit:** einfach
Kehren: 1 · **Kurven:** 34 · **Zeitaufwand:** 1 Tag mit Einkehr und Tretbootfahrt
Beste Tourenzeit: Anfang Mai bis Ende Okt.

Der Spitzingsattel verbindet sie beide – den Schliersee mit seinen
spannenden Geschichten und den Spitzingsee mit seinen frischen Fluten.

Frühmorgens am schönsten: Der Irschenberg und seine Hügelwelten begeistern Maler, Motorradfahrer und viele Filmregisseure.

DER IRSCHENBERG – EIN PRÄCHTIGES NADELÖHR

Er ist berühmt-berüchtigt, schließlich findet er regelmäßig Erwähnung in Radio und TV: der Irschenberg, das gefürchtete Nadelöhr der Autobahn A 8, alljährlich verflucht von Millionen Autofahrern. Doch vollkommen zu Unrecht, wie ich Ihnen im Folgenden beweisen werde.

Der optische Genuss des einzigartigen Irschenbergs beginnt umgehend, nachdem wir die gleichnamige Ausfahrt der A 8 genommen und gen Süden abgebogen sind – also explizit nicht in den Ort Irschenberg selbst, der im Norden der A 8 liegt. Folgen Sie vielmehr dem Bild des Zwiebelturms der Wallfahrtskirche von Wilparting, die mit einem wohl einzigartigen Panorama die Herrlichkeit der Weltlichkeit aufzeigt. Seit Jahrhunderten fasziniert dieses Bild Fotografen und Maler, und auch ich kann mich gar nicht sattsehen, jedes Mal, wenn ich hier vorbeikomme. Nehmen Sie sich Zeit, genießen Sie das Panorama und anschließend die Fahrt über winzige Landstraßen und Güterwege durch das Land am Irschenberg.

Über Schlachtham erreichen wir den Ort Irschenberg, in dem Gemütlichkeit definiert wird – trotz des Lärms der nahen A 8. Mein dortiger Tipp für einen Kaffee ist die Kaffeerösterei Dinzler – frischer geht es nicht. Über Aufham fahren wir nach Bruckmühl, via Feldkirchen und Westerham huschen wir in weitem Bogen nach Weyarn, vorbei am Alten Wirt zu Weyarn, den ich für eine Mittagsrast allerdings sehr empfehlen kann, ebenso wie die Post in Warngau, unserem nächsten Zwischenziel. Schwungvoll geht es vorbei an Gehöften und Weilern. Der Seehamer See lädt trotz Autobahnlärm ebenso zu Picknick und Pause ein wie das sehenswerte Städtchen Miesbach, der viel besuchte Mittelpunkt des Oberlandes. Sehens- und erlebenswert sind auch die zahlreichen Miesbacher Märkte wie der Wochen- und der Bauernmarkt, der Fasten-, Pfingst- oder Michaelimarkt sowie der berühmte »Ross- und Viehmarkt«. Und auch hier gilt natürlich: Lassen Sie sich Zeit. Unser Ziel, der Sundowner am Irschenberg, ist nur noch ein paar Kurven entfernt.

Start/Ziel: A 8, Ausfahrt Irschenberg, Südseite · **Streckenlänge:** ca. 100 km
Schwierigkeit: einfach · **Kurven:** 192 · **Zeitaufwand:** ca. 2–3 Std. ohne Einkehr
Beste Jahreszeit: So während der Nebensaison im Herbst, dann ist das Licht am Irschenberg schier unglaublich

DER TATZELWURM – DAS WESEN AUS EINER ANDEREN WELT

Der Tatzelwurm am Sudelfeld ist mehr als nur ein Fabelwesen, über das lange vor Erfindung der Fake News bereits in Zeitungen berichtet wurde. Und zwar samt Foto! Gehen wir also auf Spurensuche am legendären, ja, berüchtigten Sudelfeld.

Die lockere 70-Kilometer-Runde ist fahrerisch ein Genuss und lässt trotzdem viel Zeit für Benzingespräche. Wir starten im beschaulichen Bad Feilnbach im Rosenheimer Land und fahren über Hundham und Fischbachau herrlich kurvenreich Richtung Süden, bis die Piste vor uns auf die B 307 mündet. Blinker links – ab geht es Richtung Bayrischzell (mit schönem historischem Ortskern!). Danach heißt es: Knie an den Tank und die Kehren hinauf zum Sudelfeld in Angriff nehmen. Mit Bitumen und 60er-Limitierung (absichtlich) sind sie leider unattraktiv hergerichtet. Genießen Sie dennoch die genüssliche Fahrt zum Schnauferl Wirt 1123 (das ehemalige Café Kotz) in einer weiten Links-Rechts-Kombination samt Applausstreifen. Anhalten und den Seitenständer ausklappen ist hier Pflicht und Kür zugleich, ebenso der Stopp wenige Kurven und Kehren später beim Gasthaus zum Feurigen Tatzelwurm … hier soll er übrigens im Geheimen leben, der Tatzelwurm.

Er gilt als kleiner, aber nicht minder gefährlicher Verwandter des Drachen und wird zwischen 80 und 160 Zentimeter lang. Seine Fortpflanzung soll ein echtes »Wunder der Natur« sein: Wenn ein ganz normaler Dorfhahn eines Tages ein schwarzes Ei legt und man dieses sofort in einen warmen See gibt, wo es von der Sonne ausgebrütet werden kann, dann soll aus eben diesem schwarzen Ei ein Tatzelwurm schlüpfen. Wie bitte – Sie haben noch Ihre Zweifel an seiner Existenz? Nun, selbst die damals renommierte »Berliner Illustrierte Zeitung«, veröffentlichte im April 1934 ein Sensationsbild des fotoscheuen Gesellen. Seither ist es keinem Fotografen mehr gelungen, ein Bild des Tatzelwurms zu schießen – doch wer weiß, vielleicht sind Sie ja erfolgreicher? In weitem Bogen über Oberaudorf und Brannenburg schließt sich am Nachmittag der Rundkurs in Bad Feilnbach.

Start/Ziel: Bad Feilnbach · **Streckenlänge:** ca. 70 km · **Schwierigkeit:** einfach bis mittelschwer (Bitumen am Sudelfeld) · **Kehren:** 10 · **Kurven:** 59 · **Zeitaufwand:** 2–3 Std. ohne Einkehr **Beste Tourenzeit:** Anfang Mai bis Ende Okt.

Der kurvenreiche Weg zum Tatzelwurm und Sudelfeld ist eine beliebte Bikerstrecke.

Der Schnaufer-Wirt 1123 ist auch nach Pächterwechsel ein Pflichttermin inmitten eines herrlichen, aber nicht ungefährlichen Kurvenparadieses.

SCHNAUFERL-WIRT 1123 – EINE OBERBAYERISCHE INSTITUTION

Zwischen Tegernseer Land und dem Chiemgau liegt das ehemalige Café Kotz – ein Bikertreff, der trotz Namenswechsels ein Pflichttermin in unserem Roadbook ist und wohl auch immer bleiben wird.

Viele Jahre lang war das Café Kotz der Inbegriff eines Bikertreffs direkt am Sudelfeld und von Frühling bis zum Spätherbst gut besucht. Vor allem an den Wochenenden waren das Café und die Pisten drum herum quasi fest in Bikerhand, mehrheitlich vernunftbegabte Motorradfahrer. Denen wäre das Vergnügen allerdings von ewig gestrigen »Krawalltüten« beinahe genommen, denn das Sudelfeld stand schon mehrmals vor einer Streckensperrung.

Der neue Besitzer des Treffs hat das Café Kotz nun in »Schnauferl-Wirt 1123« umbenannt – die Zahl verdeutlicht die Höhenlage, in der das Wirtshaus liegt. Im Lokal stehen auch kleine Räumlichkeiten samt Bewirtung für Motorradclubs bis circa 30 Personen zur Verfügung. Zu den Touren über das Sudelfeld – samt Abstecher zum Oberen Sudelfeld – lesen Sie mehr auf den folgenden Seiten.

Ort/Region: Sudelfeld, kurz nach dem Scheitelpunkt in einer Applauskurve
Attraktionen: Kaffee und Kuchen, Snacks, bayerische Brotzeit
Parkmöglichkeit: riesiger Parkplatz gleich nebenan
Öffnungszeiten/Besucherfrequenz: Anfang April bis Anfang Nov. /an Wochenenden kommen bis zu 500 Biker · **Weitere Infos:** via Google leicht zu finden

OBERES SUDELFELD – NOCH MEHR GENUSS NACH DER KURVE

»Über den Wolken, dem Himmel so nah« texten die Wirtsleute der ganzjährig bewirtschafteten Walleralm sehr trefflich. Denn dort oben, 1412 Meter über dem Alltag, treffen sich bergerfahrene Genussbiker gerne zur mittäglichen Einkehr. Auch die Speckalm nebenan ist zu empfehlen; dort gibt es – in Anlehnung an den Namen – sogar eigens geräucherte Speckwaren für den Spontangenuss oder zum Mitnehmen im Topcase.

Ort/Region: Oberes Sudelfeld (ausgeschildert), zwischen Bayrischzell und Oberaudorf, auf 1400 m Höhe · **Attraktionen:** zwei bewirtschaftete Almen, die bislang Bikern und Wanderern nahezu allein gehören, denn Busse müssen »draußen bleiben« **Parkmöglichkeit:** mehrere, teilweise allerdings gekiest und recht steil, Bergerfahrung (Stichwort: ersten Gang einlegen) beim Abstellen des Mopeds ist von Vorteil **Öffnungszeiten/Besucherfrequenz:** Speckalm: So bis Do bis 18 Uhr, Fr/Sa bis 2 Uhr nachts; Walleralm: So bis Do bis 18 Uhr, Fr/Sa bis 22 Uhr/gut besucht sind beide vor allem an den Wochenenden · **Weitere Infos:** www.walleralm.de, www.speck-alm.de

DER FEURIGE TATZELWURM – GIBT ES IHN NUN ODER NICHT?

Seit über 150 Jahren befindet sich das Wirtshaus mit Hotel bereits im Familienbesitz und hält die Geschichte des Feurigen Tatzelwurmes, dieses extrem scheuen und sensationell seltenen Tieres, lebendig. Und wenngleich das Vier-Sterne-Hotel samt Restaurant inzwischen nicht mehr »jedermanns Biker-Geschmack« sein mag, auf dem großen Parkplatz, ungefähr 300 Meter abseits des Hotels, treffen sich immer noch Motorradfahrer aus der Region gerne zu gemeinsamen Ausfahrten, vor allem von Freitag bis Sonntag.

Ort/Region: zwischen Sudelfeld und Oberaudorf in einer »geheimnisvollen« Senke **Attraktionen:** Fakten und Sagen über den Tatzelwurm, gleichnamiges Wirtshaus **Parkmöglichkeit:** eingeschränkt für Pkws, Busse und Mopeds **Öffnungszeiten/Besucherfrequenz:** täglich von 12 bis 22 Uhr, Bar bis 1 Uhr; wer nicht mehr fahren kann (oder sollte), findet ein schniekes Vier-Sterne-Hotel gleich angeschlossen **Weitere Infos:** www.tatzlwurm.de

Waller- und Speck-Alm erwarten uns am Oberen Sudelfeld – zu denen es auch via Mautstrecke und Tatzelwurm durch prächtige Landschaften geht.

Feines Kontrastprogramm: Im Land rund um Bad Feilnbach locken zahlreiche einsame Pisten, Einsamkeit oben auf dem Wendelstein findet man allerdings nur unter der Woche.

Die älteste noch fahrende Zahnradbahn Deutschlands und ein historisch wertvoller, 1838 Meter hoher Aussichtsberg direkt am Alpenrand sind die Zutaten zu einer Mopedtour, die uns ganz bewusst aus dem Sattel locken soll. Denn Bewegung abseits des Fahrsofas soll ja gesund sein.

Ich leide schon öfters mal an Rückenschmerzen nach einer mehr oder minder ausgiebigen Mopedtour, teils aufgrund ungewohnter Sitzhaltungen auf irgendwelchen Presse-Mopeds, teils aber schlichtweg auch, weil Motorradfahren an sich eben ein wenig bewegungsreicher »Sport« ist. Wenn es Ihnen auch so ergeht, dann hat unser »Basislager« Bad Feilnbach – einer von wenigen WellVital-Orten in Bayern – vielleicht genau die richtigen Wellness-Angebote für Sie.

Doch zunächst einmal huschen wir schwungvoll hinaus ins Land, in die idyllische Gemarkung Fischbachau, bestehend aus sage und schreibe 123 einzeln benannten Gemeindeteilen. Keine Angst, alle durchzählen oder gar abfahren müssen Sie nicht (wenngleich Sie es natürlich schon dürfen). Für uns wichtiger ist jetzt vielmehr die Leitzachtalstraße von Hundham nach Hammer mit einigen beliebten Bikertreffs wie dem Winklstüberl oder dem Café Krugalm bei Aurach.

Umsäumt von Almen, Blumenwiesen und mächtigen Berggipfeln lädt uns anschließend das sehenswerte Bayrischzell zum Boxenstopp ein. Der malerische Ort ist ein idealer Ausgangspunkt für gemütliche oder auch anspruchsvolle Bergtouren im Wendelstein- und Rotwandgebiet. Oder zur Seilbahnfahrt auf den Wendelstein, den Hausberg des Ortes. Wer allerdings die historische Zahnradbahn für den Aufstieg benutzen möchte, wird gezwungen, über das Sudelfeld und den Tatzelwurm zu kurven und in Brannenburg den Wegweisern zum Talbahnhof zu folgen. Doch gibt es nicht wahrlich schlimmere Schicksale? Viel Spaß auf dem herrlichen Aussichtsberg!

Start/Ziel: Bad Feilnbach · **Streckenlänge:** ca. 60 km · **Schwierigkeit:** einfach, am Sudelfeld ist Vorsicht geboten · **Kehren:** 12 · **Kurven:** 91
Zeitaufwand: ca. 1–2 Std. ohne Einkehr · **Beste Jahreszeit:** wochentags im Okt.

DER SIMSSEE –
DIE PERFEKTE ALTERNATIVE

Zugegeben: Im Juli und August kann es rund um den touristisch optimal strukturierten und auch bei den Einheimischen sehr beliebten Chiemsee recht voll werden. Wer dann ein Ausweichrevier sucht, sollte sich den Simssee mit seinen Landschaften gönnen. Dort brummt das Leben niemals überlaut …

Fahrerisch ist die Simssee-Runde zwar kein tagesfüllendes Programm, aber gewürzt mit einigen lohnenden Einkehrschwüngen sehr gut geeignet, um einen sonnigen Sonntag randvoll mit Erinnerungen zu füllen. Wir starten erneut im erlebenswerten Rosenheim. Von dort geht es hinaus in die Welt. Wir wenden das Motorrad Richtung Osten und surfen über Hofau, Westerndorf und Haidholzen Richtung Simssee. Dort bitte den Blinker rechts setzen und über die Weiler Schömering und Weinberg in die Ortschaft Simssee gleiten, die direkt am Westufer des gleichnamigen Sees mit ihrer Geruhsamkeit besticht, die ansteckend ist. Weiter und einmal mehr geht es über die Dörfer: Edling, Haidham, Prutting. Wir kommen zu den drei Geschwistern des Simssees, dem Hofstätter- und Rimssee sowie dem Siferlinger Weiher. Von hier ist der Nordzipfel des Simssees nur mehr einen Katzensprung entfernt. Die Seestraße macht ihrem Namen alle Ehre, führt sie doch auf Tuchfühlung zum Gewässer. Teilweise auch auf kleinen Sackgassen bis an den See.

In Eichen am See verlassen wir das Wasser zu einer Runde durch die östlich angrenzenden Hügelwelten. Über Antwort – der Ort heißt tatsächlich so – geht es nach Mauerkirchen im Chiemgau. Bei Rimsting touchieren wir den Anschluss zur Chiemsee-Runde und können bei Bedarf hier andocken respektive erweitern (siehe Kapitel 13). Wer »on track« bleiben möchte, folgt den Wegweisern nach Greimharting, Dirnsberg, Ratzing und Hitzing – allesamt gemütliche Ortschaften, in denen Weltpolitik zur Nebensache degradiert wird. Über Moosen und Pietzing erreichen wir zu guter Letzt wieder den Simssee und können den Tagesordnungspunkt »Einkehrschwung« ins Auge fassen. Mein Tipp dazu: der Seewirt von Ecking, die ausgeschilderte See-gaststätte direkt am Uferstrand. Nicht gänzlich unbekannt, an Wochenenden auch recht gut besucht, aber ein freies Plätzchen für Biker sollte immer zu finden sein. Als Nachtisch zu empfehlen ist auch der Sundowner direkt am Holzsteg auf dem See.

Der Heimweg nach Rosenheim kann um ein letztes Gewässer erweitert werden: den Tinninger See südlich von Riedering – er hat es aber schwer, uns nach diesem Tag noch zu beeindrucken.

Start/Ziel: Rosenheim · **Streckenlänge:** mind. 80 km · **Schwierigkeit:** einfach
Kehren: 2 · **Kurven:** 69 · **Zeitaufwand:** ca. 2–3 Std. ohne Einkehr
Beste Tourenzeit: Anfang Mai bis Ende Okt.

Wirkt porentief: Der Simssee lädt zum Durchatmen ein – und das ganzjährig.

74 COPLAND OUTBACK – DAS »MÖR-DERISCHE« ROSENHEIMER LAND

Die »Rosenheim Cops« sind eine der wenigen guten Erfolgsserien des ZDF, weil sie nicht nur mit starken Charakteren besetzt werden, sondern auch in einer traumhaften Landschaft spielen. Und diese Landschaft ist auch ein perfekter Spielplatz für Motorradfahrer.

Ja, ich habe schon mal einen Krimi geschrieben, genauer gesagt eine Kriminal-Reisegeschichte aus dem Rosenheimer Land – und hier folgt nun für Sie meine Fahndungs- und Einsatzfahrt: Diese prächtige Nachmittagsrunde startet im Herzen von Rosenheim. Ohne zu zögern wenden wir das Motorrad gen Südwesten und huschen entlang des Flüsschens Kalten kurvenreich nach Bad Feilnbach. Ab hier beginnt der einzigartige Kurvengenuss, für den Sie hellwach sein sollten.

Danach geht es hinaus in die nahezu unberührte Natur. Richtung Hundham fahren wir zunächst recht genüsslich, dann tauchen überfallartig allerorten rechts und links des Lenkers extrem schmale Gassen und Panoramasträßlein auf, die zu aussichtsreich liegenden Gehöften führen. Güterwege heißen diese Zubringer; sie sind in aller Regel frei befahrbar – nicht zuletzt, weil so mancher Bauer inzwischen gerne auch Urlaubsgäste empfängt. Und diese Güterwege sind unser Tummelplatz für die nächsten Stunden und Kilometer. Genießen Sie jeden Abzweig, auch wenn er manches Mal vielleicht in einer nur spärlich ausgeschilderten Sackgasse enden mag. Achten Sie auf Gegenverkehr in Form straßenfüllender Traktoren und erleben Sie die sich bietenden Panoramen mit wachen Augen. Meine im GPS-Download hinterlegte Tour ist nur ein Vorschlag – wählen Sie einfach an jedem Abzweig den schönsten sich bietenden Ausblick und setzen Sie danach den Blinker. Sie können keine Fehlentscheidung treffen. Das Flüsschen Leitzach begrenzt schließlich unseren Drang gen Westen. Über Au bei Bad Aibling, den Südrand des Irschenbergs (siehe Kapitel 67) und Bad Aibling selbst erreichen wir wieder die Stadtgrenze von Rosenheim. Vielleicht rechtzeitig zu einer Stadtführung auf den Spuren der Rosenheim Cops, die uns diese herrliche Tourenregion erst bekannt gemacht haben?

Start/Ziel: Rosenheim · **Streckenlänge:** mind. 70 km · **Schwierigkeit:** einfach
Kehren: 10 · **Kurven:** 103 · **Zeitaufwand:** ca. 3 Std. ohne Einkehr
Beste Tourenzeit: Anfang Mai bis Ende Okt.

Das Copland hat nicht nur wöchentlich einen – innerhalb 50 Minuten geklärten – Mordfall zu bieten. Auch die Spurensuche im Land selbst macht richtig Spaß.

Rosenheim und seine Cops – eine absolut erlebenswerte Kombination zum Beispiel auch für ein langes Wochenende mit der besten Sozia.

ROSENHEIM – EINE SPANNENDE ERGÄNZUNG

Das Sahnehäubchen nach einer Tour durch das Rosenheimer Land bildet die Stadt Rosenheim selbst, die seit den ersten Tagen der Kultserie »Rosenheim Cops« enorm an Bekanntheit gewonnen hat und sichtbar stolz ist auf sich selbst, wie wir auf einer Führung auf den Spuren der Serienhelden erfahren können.

Motorradfahren ist genial, herrlich, (meistens) ein vollendeter Genuss … Dennoch: Ab und an sollten wir uns auch abseits des Mopedsattels etwas bewegen, die steifen Gräten strecken, die Rückenmuskulatur einsetzen und uns zu Fuß bewegen. Perfekt geeignet dafür ist eine Stadtführung in Rosenheim auf den Spuren der legendären »Rosenheim Cops«. Der schwergewichtige Nebenerwerbslandwirt und hauptberufliche Kriminalhauptkommissar Korbinian Hofer ist Deutschlands bekanntester ZDF-Cop. Seit Januar 2002 verkörpert der bayerische Schauspieler Joseph Hannesschläger jenen schrulligen, aber auch gewitzten, stets mit der Stallarbeit überlasteten Ermittler, der mit wechselnden Kollegen eine Aufklärungsquote an den Tag legt, die jedem echten Polizisten Schulterklappensterne kiloweise bescheren würde.

Die Erfolgsserie spielt in und um Rosenheim sowie im angrenzenden Chiemgau und dem Fünf-Seen-Land. Gerade diese Kombination aus bayerisch kolorierten Mordfällen inmitten ansonsten heiler Welten begründet den Reiz der Serie. Aufgrund ihrer Beliebtheit bietet die Stadt Rosenheim spezielle Führungen an, auf denen die bekanntesten innerstädtischen Drehorte der Serie zu Fuß erwandert werden können. Alle Infos dazu sind auf der Webseite www.rosenheim.de zu finden. Nur der exakte Standort des traumhaft gelegenen Hofer'schen Bauernhofes wird bis heute nicht verraten. Ich habe ihn zwar – nach akribischer Recherche – dennoch entdeckt, musste der Besitzerin aber versprechen, die exakten GPS-Daten nicht zu verraten. Dafür bekomme ich von ihr sofort Nachricht, falls sie eines Tages verkaufen möchte …

Fiktion und Wirklichkeit · Polizeipräsidium: Rosenheimer Rathaus
Gasthof Rosenbräu: Wirtshaus Liegl, Dietramszell
Kneipe Times Square: Alte Brauerei, Stegen am Ammersee
Mordfall-Landschaften: Chiemgau, Fünf-Seen-Land

Wer gerne Motorrad fährt, außerdem ein Faible für Sightseeing hat und auf der Suche nach erlebenswerten Boxenstopps ist, der kommt um das Städtchen Wasserburg und den mächtigen Inn schlichtweg nicht herum.

Im herrlichen Städtchen Wasserburg, direkt an der mächtigen Innschleife gelegen, beginnt und endet meine Lieblingstour in dieser Region. Wir starten direkt in der prächtigen Altstadt von Wasserburg, die übrigens eine der ältesten Städte Bayerns ist – sogar älter als München! Stolze Bürgerhäuser erzählen heute noch spannende Geschichten, und in der Kaffeerösterei Deliano in der Hofstatt lässt es sich ganz genüsslich frühstücken.

Danach aber geht es hinaus in die Landschaft, zunächst am Westufer des mächtigen Inn gen Süden über die Dörfer. Der Inn ist übrigens mit 517 Kilometern einer der längsten in den Alpen entspringenden Flüsse und mündet in Passau in die dort deutlich weniger Wasser führende Donau. Eigentlich müsste demnach die Donau ihren Namen verlieren, doch wo kein Kläger … Und noch eine Zahl für Statistiker: Durchschnittlich 738 Kubikmeter Wasser befördert der Fluss, das sind gut 2500 randvolle Badewannen pro Sekunde! Doch nun genug der Zahlenspiele. Genießen wir lieber die Tour entlang der Innauen durch heimelige Dörfer und Weiler rechts und links der B 15.

Wer gerne eine Runde »heizen« mag, wählt eben jene Bundesstraße, alle anderen schauen sich abseits von ihr ausgiebig um, zum Beispiel im sehenswerten Rott am Inn, in Hochstätt oder in Pfaffenhofen am Inn. In Rosenheim am Inn wenden wir uns nach einem Mittagseinkehrschwung – mein Tipp: der Duschlbräu am Max-Josefs-Platz – wieder Richtung Norden und erkunden das Ostufer des Flusses; es ist nicht minder kurvenreich und nicht minder genüsslich. Irgendwann am späten Nachmittag erreichen wir dann wieder unseren Ausgangspunkt, wo Sie den heutigen Tourentag vielleicht mit einer Einkehr im sehenswerten Gasthof Fischerstüberl im Ortsteil Elend beenden können. Dort gibt es übrigens … nur mal so als Idee … auch Zimmer zum Übernachten.

Start/Ziel: Wasserburg am Inn · **Streckenlänge:** ca. 90 km · **Schwierigkeit:** einfach
Kurven: 169 · **Zeitaufwand:** ca. 2 Std. ohne Einkehr oder Sightseeing
Beste Tourenzeit: Frühling ab Mitte April, wenn alles blüht und grünt

Wasserburg lohnt einen intensiven Rundgang, das Land drumherum eine richtig intensive Erkundung im Mopedsattel.

Einen Besuch im EFA Automuseum sollten Sie so entspannt wie möglich genießen.
Ein Augen- und auch Leibschmaus: der traditionsreiche Gasthof zur Post

EFA AUTOMUSEUM – PFLICHTTERMIN IM CHIEMGAU

Für Technikfans – und das sind Biker in der Regel alle – ist dieses Museum ein Pflichttermin. Gezeigt werden unter anderem viele grandiose Schöpfungen deutscher Techniker, angefangen von Kleinwagen aus den 1920er-Jahren über Luxuskarossen wie den legendären Maybach oder Porsches historische 600 PS-Boliden. Das Museum beherbergt einen kompletten Querschnitt durch 100 Jahre Erfindergeist in Sachen Fahrzeugbau. Und der Clou daran: Ein hauseigener Kfz-Techniker erläutert alle Details – inklusive jene des geheimnisvollen Wankel-Motors, der bekanntlich immer wieder für herrliche Verschwörungstheorien gut ist.

Ort/Region: Amerang im Chiemgau, Wasserburger Straße 38, Tel. 08075/81 41
Attraktionen: 100-jährige Geschichte deutschen Automobilbaus, unter einem Dach präsentiert
Parkmöglichkeit: am Museum · **Öffnungszeiten:** März bis Nov. Do bis So 10 bis 18 Uhr
Tipp: wenn möglich, wochentags besuchen · **Weitere Infos:** www.efa-mobile-zeiten.de

GASTHOF ZUR POST – DAS SCHÖNSTE HAUS AM PLATZ

Im Herzen einer wohl einzigartigen Motorradregion – dem Samerberg – erwartet uns Wolfgang Pallauf, der Bikerwirt des idyllisch liegenden und malerisch geschmückten Hotel-Gasthofs Zur Post, sei es zum Frühstück ab 9 Uhr inklusive ausgefeilten Tourenplänen vom Chef oder zu Kaffee und Kuchen respektive abendlicher Einkehr nach der ausgiebigen Tour. Als einziger Motor-Bike-Hotelier Oberbayerns hat Wolfgang natürlich auch gemütliche Zimmer für Biker samt Unterstell- und Waschplätzen für die Motorräder und einer kleinen Werkstatt für nötige Reparaturen zu bieten.

Ort/Region: Samerberg, direkt im historischen Zentrum von Törwang
Attraktionen: Motor-Bike-Hotel, Bikerwirt und begnadeter Koch als Chef
Parkmöglichkeit: wenige vor dem Haus, weitere im Hof
Öffnungszeiten: ab ca. 9 Uhr, Mo/Di Ruhetag/gut besucht an Wochenenden
Weitere Infos: https://hotel-post-samerberg.de

79 SAMERBERG-REGION – EIN »DUFTIGES« VERGNÜGEN

Den Chiemgau kennt jeder, den Irschenberg sowie das angrenzende Tirol ebenso. Dazwischen aber liegt der Samerberg, eine Tourenregion, so unbekannt wie unglaublich. Folgen Sie mir auf eine meiner schönsten Rundtouren im Süden Oberbayerns.

78 Weiler und Ortschaften bilden den Gemeindeverband Samerberg auf einer Höhenlage um die 800 Meter über dem Meer. Ein idyllisches Fleckchen Bayern, in dem vor allem Ruhe suchende Städter einen Erst- oder Zweitwohnsitz gefunden haben. Das Ganze wird durchzogen von einem dichten Netz an schmalen, kurvenreichen Landstraßen. Zum Beispiel hinauf in den Weiler Duft – nomen est omen! – mit seinem weithin bekannten Bikertreff Duftbräu, ein Pflichttermin der Region.

Wir starten in Frasdorf direkt an der lärmenden A 8 und lassen über Pfannstiel und Ruckerting rasch alle Hektik hinter uns. Vor allem an Sommerwochenenden ist der Samerberg ein beliebter Tummelplatz einheimischer Biker, die hier unsere hohe Kunst ordentlich »trainieren« können. Leider nicht immer unter Einsatz von Vernunft, weshalb rund um den Ort Törwang speziell für Biker Tempo 80 bzw. 60 eingeführt wurde, das Heizer nachhaltig einbremsen soll. Schwamm drüber. Spätestens beim Bikerwirt im Gasthof Zur Post im Weiler Törwang ist aller Ärger verraucht.

Zum Nachtisch gönnen wir uns dann das Städtchen Nußdorf und zu guter Letzt eine der echten Perlen Bayerns: das Dorf Neubeuern. »Wohl wahr – die schönste Sicht im bayerischen Gebirg!«, soll schon König Max I. beim Anblick Neubeuerns ausgerufen haben. Um die imposante Kirche gruppiert sich ein Ensemble alter Bauernhäuser mit Erkern und Giebeln, dessen sorgfältig restaurierter Zustand jeden Besucher begeistert. Und wenn dann an einem Sonn- oder Feiertag die Menschen in feinster Tracht aus dem Gotteshaus zielstrebig ins direkt nebenan wartende Dorfgasthaus strömen, dann ist die »guade oide Zeit« zum Greifen nah.

Start/Ziel: Frasdorf (an der A 8) · **Streckenlänge:** ca. 50 km · **Schwierigkeit:** einfach, nur in wenigen Teilabschnitten leicht anspruchsvoll
Kurven: 12 · **Kurven:** 98 · **Zeitaufwand:** ca. 1 Std. ohne Einkehr
Beste Tourenzeit: Anfang Mai bis Ende Okt.

Ein weitgehend unbekanntes Motorradparadies: Die Samerberg-Region
begeistert jeden Biker – trotz abschnittsweiser 60er-Limitierung nur für uns.

Ohne Hopfen geht gar nix: Er ist nicht nur die wichtigste Zutat gut gebrauten Bieres, davon können auch die Wirtsleute des Duftbräu eine Geschichte erzählen.

DUFTBRÄU IN DUFT – NICHT NUR FÜR DIE NASE EIN GEDICHT

Woher der Ortsname Duft ursprünglich herrührt, ist umstritten. Dass das Traditionswirtshaus richtig »dufte« ist, hingegen nicht. Und erst die Zufahrt … oder sollte an dieser Stelle eine Warnung aussprechen? Die kurvenreiche Eroberung gelingt nur alkoholfrei …

Der (!) Duftbräu am Samerberg ist Kult, das urige Wirtshaus bereits in der vierten Generation im Familienbesitz. Einstmals soll es sogar die höchst gelegene Brauerei Deutschlands gewesen sein. Welch eine Schufterei das gewesen sein muss, Hopfen, Malz und Gerste zuerst auf den Berg zu schaffen, dort dann zu brauen und das fertige Bier wieder ins Tal zu befördern – zumindest den Anteil, der nicht vor Ort gleich wieder getrunken wurde –, mag man sich heute nicht mehr vorstellen.

Gebraut wird heute zwar nicht mehr, dafür gekocht, gebraten, gegrillt, gebacken und genossen umso mehr. Das alles inmitten einer echt bayerischen, natürlich gewachsenen Postkartenidylle, die sich kein Landschaftsmaler schöner hätte ausdenken können. Und das Beste: Die Zufahrt ist nicht nur kurven-, sondern auch kehrenreich und außerdem perfekt ausgeschildert. Ein traditionsreiches Juwel der Chiemgauer Bergwelt, wie es heute schon selten geworden ist. Allerdings auch eines, das an Sommerwochenenden aus allen »Nähten« platzt, also leider immer dann, wenn auch wir Motorradfahrer dort oben »aufschlagen« möchten. Na ja, rücken wir also ein wenig zusammen auf den Biergartenbänken. Und stets die goldene Regel beachten: das Bike in der Richtung parken, in der ich weiterfahren möchte.

Ort/Region: Südrand des Samerbergs, auf einem Hochplateau · **Attraktionen:** bayerische Wirtshauskunst vom Feinsten inmitten einer wohl einzigartigen Hochlage
Parkmöglichkeit: begrenzt · **Öffnungszeiten/Besucherfrequenz:** täglich ab 9 Uhr, Mo/Di Ruhetag/gut besucht vor allem an Wochenenden ab dem Nachmittag – zu diesen »Stoßzeiten« kann es oben eng werden
Weitere Infos: www.duftbraeu.de

CHIEMGAU-RUNDE – EIN ECHTES BIKER- UND WOHNPARADIES

So schön ist es hier, dass man eine ganze Region ohne Einschränkung wohl als Lebensabend-geeignet einstufen könnte. Und vielleicht werden ja auch Sie nach dieser Runde die Immobilienportale nach einem neuen Heim im Chiemgau durchforsten?

Bereits der Anblick des schnuckeligen Luftkurortes Aschau im Chiemgau wird jedes Tourenfahrerherz höherschlagen lassen. Und dann das herrschaftliche Schloss Hohenaschau. Weite Teile des prächtigen Bauwerkes aus dem 12. Jahrhundert werden übrigens als Ferienwohnheim der Oberfinanzverwaltung genutzt. Wer wäre da nicht gern Beamter?

Doch halten wir uns nicht mit Neid auf, sondern wedeln lieber Richtung Süden aus Aschau hinaus. Im Tal des Flüsschens Prien geht es zur grünen Grenze nach Österreich, die wir in der Regel ohne Kontrollstopp queren können. Bei Sebi mündet unsere Route in die viel befahrene B 172, der wir kurz gen Osten folgen, aber gleich auch wieder verlassen. Es geht hinauf in die Bergwelt der Chiemgauer Alpen. Wir folgen den Wegweisern auf das idyllische Plateau von Rettenschöss, auf dem Sie möglichst jede verfügbare Piste genüsslich erfahren sollten: durch heimelige Weiler und Dörfer, vorbei an einem Golfclub mit langer Warteliste, kurz vor dem Walchsee wieder hinabsteigend auf die B 172. Der Walchsee ist ein beliebtes Naherholungsparadies: Die beiden Orte Walchsee und Kössen zwei typische Tiroler Bergdörfer, die Touristen mit offenen Armen empfangen – in Walchsee beispielsweise im Walchseer Hof (nicht zu verfehlen), in Kössen im Gasthof Hüttwirt – alles bio und noch mehr.

Abschließend empfehle ich einen Abstecher über die erneut grüne Grenze ins nahe liegende Reit im Winkl (siehe auch Kapitel 85), bevor wir über die B 307 mit einigen Kehren und Kurven nach Norden pendeln und wieder bayerischen Boden unter den Reifen haben. Gemeinsam mit der Tiroler Ache geht es bergab nach Unterwössen und Marquartstein im Chiemgau, dann in einem Bogen, die A 8 meidend, Richtung Westen über Grassau und Bernau retour nach Aschau (und gleich weiter zur Wohnungs- oder Häuschen-Suche?).

Start/Ziel: Aschau im Chiemgau · **Streckenlänge:** ca. 95 km · **Schwierigkeit:** einfach
Kehren: 6 · **Kurven:** 110 · **Zeitaufwand:** ca. 2 Std. ohne Einkehr
Beste Tourenzeit: Anfang Mai bis Ende Okt.

Der Chiemgau und seine Alpenregion – ein perfektes Trainingsgelände auch für Anfänger.

Biker herzlich willkommen: Ganz gleich ob mit oder ohne Motor,
Zweiradler sind rund um den Chiemsee allerorten gern gesehen.

DER CHIEMSEE – EINMAL RUND UMS »BAYERISCHE MEER«

Der Chiemsee und sein Umland gehören zu den schönsten Voralpen-landschaften Süddeutschlands. Und er ist nicht nur ein Traumziel für alle Wasserratten, sondern speziell auch für Biker. Denn hier können Sie, wenn Sie mögen, endlich einmal beinahe nahtlos braun werden.

Das immerhin 1158 erstmals urkundlich erwähnte Prien am Chiemsee ist für uns auf dieser Runde Start und Ziel zugleich, zum Beispiel am Parkplatz der Schiffsanlegestelle mit grandiosem Seeblick. Hier lassen sich Ausflügler mit den weißen Dampfern der Chiemseeflotte hinüber zur Insel Herrenchiemsee schippern, um Bayernkönig Ludwig II. und seine devisenbringenden Traum-kulissen einer besseren Welt zu besuchen. Für deren empfehlenswerte Be-sichtigung sollten Sie sich allerdings mindestens drei Stunden Zeit nehmen.

Gen Norden führt unsere anschließende Route immer entlang des Sees nach Gstadt. Zweigen Sie mitten in Gstadt unbedingt kurz rechts hinunter zum winzigen Hafen ab. Von dort liegt die Insel Frauenchiemsee, die heimliche Konkurrenz zu Herrenchiemsee, nur einen Katzensprung entfernt. Ihr Kloster Frauenwörth ist eines der historisch wertvollsten Kulturgüter Bayerns.

Über Seebruck am nördlichsten Zipfel des Chiemsees kommen wir zu sie-ben ebenfalls verschwiegenen Gewässern inmitten eines weiten Hochmoores. Die Seenplatte rund um Kloster Seeon, einem tausendjährigen Benediktiner-kloster, lohnt einen Besuch zu jeder Jahreszeit. Der Blick auf die Klosteranlage mit eigenem See ist herrlich.

Über Truchtlaching und das sehenswerte Chieming wenden wir uns anschließend Richtung Südosten. »Und, wo hast du das Wochenende ver-bracht?« »Ach, ich war kurz mal in Übersee.« Mit nichts lassen sich »zuag-roaste« Kollegen derart herrlich verblüffen wie mit dem 3700-Seelen-Ort Übersee am Südufer des Chiemsees. Die Ausblicke auf den Chiemsee sind prächtig, die Biergärten einladend und der Maibaum ein idealer Hintergrund für ein Selfie mit Moped. Dann geht es schwungvoll retour nach Prien zu abendlichen Genüssen.

Start/Ziel: Prien am Chiemsee · **Streckenlänge:** 95 km · **Schwierigkeit:** einfach
Kurven: 97 · **Zeitaufwand:** 3 Std. ohne Einkehr und Sightseeing
Beste Tourenzeit: Anfang Mai bis Ende Okt.

CAFÉ HELGA – GUT VERSTECKT ZWISCHEN KLOSTERMAUERN

Das Café Helga gehört zu einer einfachen, aber gemütlichen familiengeführten Pension mit Zimmervermietung und hat zweifelsohne das Potenzial, für viele Biker nun zum Stammcafé zu werden – der Anfang ist bereits gemacht, wie ich bei meinen letzten Besuchen am Kloster Seeon feststellen konnte. Dass man auf der Klosterinsel nur schlechten oder sogar gar keinen Internet-Empfang auf dem Handy hat, wie so mancher Gast online moniert – Schwamm drüber. Dann posten wir die abgespeicherten Selfies am Frühstücksbuffet eben erst, sobald Datenverkehr wieder möglich ist.

Ort/Region: Klosterinsel von Seeon, gleich nach dem kostenfreien Zutritt
Attraktionen: Kaffee und Kuchen, Frühstück, Gemütlichkeit, einen tollen Seeblick
Parkmöglichkeit: großer Parkplatz, für Pkws gebührenpflichtig, für Mopeds frei
Öffnungszeiten/Besucherfrequenz: täglich/beliebt vor allem zum Frühstück vor einer Tour durch den herrlichen Chiemgau · **Weitere Infos:** www.klosterblick.de

KUPFERSCHMIEDE AM CHIEMSEE – DEFINITIV KEIN TOURI-NEPP!

Ich gebe es zu: Diese Einkehr samt Treff habe ich nicht im Mopedsattel entdeckt. Es war vielmehr ein Fahrradsattel, und es war auf einer Umrundung des Chiemsees zu einer Zeit, als ich Strom nicht nötig hatte. Mich begeisterte die Lage des Biergartens sofort, ebenso die Speisekarte, die vor allem auf regionale Küche setzt. Damit hatten mich die Wirtsleute schon »eingefangen« …

Das Essen in der Kupferschmiede ist lecker, das Panorama eine Wucht. Mein Tipp: Starten Sie den Erstversuch an einem Samstag.

Ort/Region: Chieming bei Seebruck, am Nordostzipfel des Chiemsees, direkt am Seeufer
Attraktionen: gute bayerische Küche, toller Biergarten, herrliches See-Feeling
Parkmöglichkeit: ausreichend, aber nicht unbegrenzt
Öffnungszeiten/Besucherfrequenz: täglich ab 11 Uhr, Di/Mi Ruhetag/
am Wochenende nachmittags kommen hier bis zu 50 Biker zur Einkehr
Weitere Infos: www.kupferschmiede-chiemsee.de

Rund um Kloster Seeon im Norden des Chiemsee gibt es viel zu entdecken,
aber nur für den, der sich viel Zeit dafür nimmt.

Im Winter wird auch die Basis gelegt für einen frühen Start in die Mopedsaison: die Schneeräumung rund um Reit im Winkl ist eine sehenswerte Aktion.

VON FEUCHTSALZMISCHUNGEN UND FREIEN PISTEN

Winterliche Spurenbeseitigung in Reit im Winkl gehörte immer zu meinen spannendsten Fotoproduktionen. Und hilft ja eigentlich ganz besonders uns Motorradfahrern.

Winterzeit – vor allem in Bayern – bedeutet für mich entweder Büroarbeit intensiv mit wochenlangen Sitzungen an PC und Bildarchiv oder aber Flucht in andalusische Verhältnisse. Natürlich mit dem Moped auf dem Trailer, mit Kamera und Notebook – kurz gesagt: streng beruflich!

Im Jahr 2015 musste ich mehrere Wochen im Winter zu Hause verbringen, weil mich ein ganz spezieller Auftrag zum ungeduldigen Warten zwang: eine Fotoproduktion über die Schneeräumung in Reit im Winkl. Nur: Es wollte und wollte nicht schneien. Dann endlich, wurde Neuschnee angesagt, viel Neuschnee. Und da auch rund um Reit im Winkl alle Straßen spätestens morgens um 7 Uhr frei sein müssen, bedeutete das, um 22 Uhr aufzubrechen, mit dem Auto durch heftigstes Schneetreiben auf noch ungeräumten Pisten in den Chiemgau zu schlingern, sodass ich um Punkt 1 Uhr morgens vor Ort war – ein dreistündiger Husarenritt mit gerade einmal 100 Kilometer Strecke.

Was dann folgte – was also die Männer des Fuhrbetriebs Dirnberger, stellvertretend für alle anderen Straßendienste, Winternacht für Winternacht leisten –, hat mich tief beeindruckt. Mit 500 PS Antrieb und 1,5 Tonnen schwerem Pflug vor dem Bug »pflügten« wir im wahrsten Sinne des Wortes durch ein stockfinsteres *winterwonderland*. Neuschnee und Eis spritzten vorne in hohem Bogen in den Wald und eine sorgfältig ausgeklügelte »Heilbronner Feuchtsalzmischung« wurde hinten mittels wagenradgroßem Drehteller auf die Straße geworfen. Um dort geduldig zu warten, bis die ersten Pkws das Gemisch mit dem Druck ihrer Reifen aktivierten und die auftauende Wirkung in Gang setzten. Eine der interessantesten Fotoproduktionen meines Lebens. Mit jenen Männern in Reit im Winkl, die jedes Jahr nicht zuletzt auch dafür sorgen, dass wir pünktlich zum ersten frühlingshaften Sonnenstrahl freie Straßen vorfinden.

> **Tipp:** Sollten auf den Straßen noch so manch übrige inaktive Reste an »Heilbronner Feuchtsalzmischungen« herumliegen – keine Sorge! Sie lassen sich mit handwarmem Wasser problemlos abwaschen. Vertrauen Sie dem Rat eines Spezialisten.

WO LEGENDEN WEITERLEBEN DÜRFEN

Was ich noch erzählen wollte: Der »Schnauferl-Schorsch« in Ruhpolding – da bin ich ganz sicher – hat längst seinen Platz im Himmel gefunden. Sein Lebenswerk erwartet uns derweil hier auf Erden. Gott sei Dank.

So manch schöne Reportage hat mich in meinem bisherigen Berufsleben in den Chiemgau und seine Alpen geführt. An meine allererste Fotoproduktion dort – damals noch mit Diafilm und heute unvorstellbar teuren Entwicklungskosten – werde ich mich aber zeitlebens erinnern. Denn auf dieser Reise trafen wir Georg Hollweger, den »Schnauferl-Schorsch« von Ruhpolding. Ein

bayerisches Unikat mit einem Faible für alles, was zwei Räder hat. Und mit einer unstillbaren Sammlerleidenschaft.

In seinem Kuhstall am Ortsrand von Ruhpolding hatte sich besagter »Schnauferl-Schorsch« ein wohl einmaliges Motorradmuseum aufgebaut, sein ganz privates »Schnauferl-Museum«. Und wenngleich Georg uns allen inzwischen vom Himmel herab zuschaut, sein Museum ist und bleibt ein Pflichttermin jeder Tour durch den Chiemgau. Über 60 Maschinen, davon mehr als die Hälfte in originalem, vor allem aber fahrbereitem Zustand warten darauf, von uns entdeckt zu werden. Lenker an Lenker, Fußraste an Kettenrad finden sich all die klangvollen und so manches Mal draußen im Leben längst verklungenen Namen der Motorradgeschichte: NSU, Norton, Zündapp, BMW, Horex, DKW, Herkules … Ergebnisse einer lebenslangen Leidenschaft für das Zweirad. Sei herzlich gegrüßt Schorsch, von wo immer Du uns auch zuschaust.

Adresse: Schnauferl-Museum, Bacherwinkl 5, Ruhpolding, Tel. 08663/90 75
Öffnungszeiten: Besichtigungen nach telefonischer Anmeldung bei Georgs Witwe jederzeit möglich
Preis: Eintritt frei, Spenden sind selbstverständlich

Der legendäre Schnauferl-Schorsch schaut uns inzwischen aus dem Himmel zu, seine gesammelten Legenden stehen uns zum Staunen zur Verfügung.

Das Traunsteiner Land begeistert nicht nur mit herrlichen Landschaften,
so manch spannende Geschichte steht auch auf den Marterln am Wegesrand.

Hier an dieser Stelle
verunglückte beim
Holzfahren
am 3. Jan. 1931 der
ehrengeachtete Jüngling
Georg Feisinger
im Alter von 33 Jahren

R I P

TRAUNSTEINER RUNDFAHRT –
BITTE NICHT FLUCHEN!

Das Städtchen Traunstein im Chiemgau ist nicht nur eine perfekte Tourenbasis, der Hauptort des Chiemgaus hat auch eine spannende Geschichte zu erzählen. Das nenne ich eine verheißungsvolle Kombination für ein kurzweiliges Vergnügen.

Ein mächtiger Fels am Fluss, der Stein an der Traun, gab der Stadt ihren Namen. In uralten Zeiten musste ein Fuhrmann mit schwerer Fracht durch eine Furt des Flusses Traun. Und das zu Beginn der alljährlichen Schneeschmelze – ein extrem gefährliches Unterfangen. Das Fuhrwerk blieb im Fluss stecken. Die Pferde scheuten, stiegen hoch, und der Fuhrmann begann kräftig zu fluchen: »Ich wollte, dass doch alles gleich zu Stein werde!« Pech nur, dass im nahen Örtchen Haslach gerade die Kirchenglocke zum Gebet läutete und dem Fluch eine verheerende Wirkung bescherte: Plötzlich waren Mann und Ross und Wagen in einen riesengroßen Stein verwandelt. Und da bis heute niemand einen geeigneten Gegenzauber parat hat, kann man die Überreste dieses Felsblocks als »Traunstein« an der östlichen Ortseinfahrt besichtigen.

Richtung Süden verlassen wir das heute sehr gastliche Traunstein und wedeln – Bundesstraßen oder Autobahnen meidend – über Traundorf nach Ruhpolding, folgen der Weißen Traun ein Stück bis Wiesen und suchen uns dann den Abzweig nach Untischaram und weiter gen Westen. Über Bergen und den Nordrand von Marquartstein wenden wir uns wieder gen Norden und folgen der Tiroler Ache nach Grabenstätt. Ab jetzt geht es erneut »über die Dörfer«; genießen Sie die kurven- und panoramareiche Fahrt über Vachendorf, Erlstätt, Sondermoning und Truchtlaching nach Altenmark an der Alz und Trostberg, den nördlichsten Punkt dieser Runde.

In Traunreut lohnt ein Boxenstopp, zum Beispiel im Kulinarium in der Munastraße, bevor wir uns über den Weiler Frühling – welch eine Wohnadresse! – Richtung Traunwalchen in möglichst vielen Bögen und Schlenkern auf den Weg machen. An den Siedlungen der Traun entlang erreichen wir wieder unseren Ausgangspunkt und können das Abendprogramm starten.

Start/Ziel: Traunstein · **Streckenlänge:** ca. 130 km · **Schwierigkeit:** einfach
Kehren: 6 · **Kurven:** 154 · **Zeitaufwand:** ca. 3 Std. ohne Einkehr
Beste Tourenzeit: Anfang Mai bis Ende Okt.

GEN OSTEN ZUM WAGINGER SEE – WO DIE SONNE AUFGEHT

Wer als geborener Warmduscher neben ausgiebiger Kurvenhatz auch das Sonnen- oder gar Wasserbad liebt, wird rund um den Waginger und Tachinger See mit Bademöglichkeiten gelockt, die zu den wärmsten in ganz Süddeutschland gehören. Also unbedingt das Badetuch einpacken!

Bevor es ans Entkleiden geht, lassen Sie uns erst das Thema »Motorradfahren« intensiv zelebrieren. Dazu starten wir im sehenswerten Traunstein. Wir queren heute gefahrlos die Traun und wenden uns Richtung Osten. Über die Dörfer Weibhausen, Freimann und Otting erreichen wir Waging am See. Dann geht es weiter zum Waginger und Tachinger See, die zwar eigenständige Namen haben, de facto aber ein Gewässer sind, nur optisch getrennt durch eine befahrbare Brücke. Mit nur 27 Metern Wassertiefe ist der moorhaltige Waginger See nicht nur das wärmste Gewässer Bayerns, sondern auch ideal für einen ausgiebigen Badestopp.

Mein langjähriger Favorit, der Bergwirt von Taching, hat leider seit einiger Zeit geschlossen. Da ich mir aber nicht vorstellen kann (und mag), dass sich dauerhaft kein Wirt für dieses außergewöhnliche Objekt findet, fahre ich bei jeder Tour gezielt vorbei, um zu schauen, ob sich etwas geändert hat. Falls der Biergarten bei Ihrem Besuch wieder geöffnet hat, teilen Sie es mir bitte unbedingt mit; ich komme dann »asap« vorbeigehuscht.

Mit genügend Zeit sollten Sie das Doppelgespann Waginger und Tachinger See unbedingt komplett umrunden, denn auch in den östlich gelegenen Dörfern und Orten wie Tettenhausen, Wolkersdorf oder Lampolding gibt es viel Ursprünglichkeit zu entdecken. In Waging auf der Westseite der Seen-Kombi schließt sich diese Umkreisung, und wir düsen schwungvoll retour nach Traunstein. Wer möchte, kann den Tag dort im Brauhaus Wochinger beschließen.

Start/Ziel: Traunstein · **Streckenlänge:** ca. 90 km · **Schwierigkeit:** einfach
Kehren: 3 · **Kurven:** 71 · **Zeitaufwand:** ca. 2–3 Std. ohne Einkehr und Baden
Beste Tourenzeit: Anfang Mai bis Ende Okt., im Juli und Aug.
sind die Seen am Wochenende gut besucht

Ganz im Osten erwarten uns Warmduscher-taugliche Badefreuden –
und vor dem Bad herrlich freie Pisten für die Kurvenhatz.

Lupenreines Vergnügen: Das Berchtesgadener Land ist von Natur aus schön,
seine Dörfer und Städte stehen dem allerdings an Nichts nach.

Ganz im südöstlichsten Zipfel Deutschlands erwartet uns das malerische und hoch authentische Berchtesgadener Land zu Motorrad-Exkursionen, wie sie abwechslungsreicher kaum sein können. Denn das in Kapitel 94 erwähnte Rossfeld ist nur ein kleiner Teil all dieser Pracht.

Zugegeben: Zu viel Salz ist ungesund. In diesem speziellen Fall allerdings nicht. Denn die Salzmetropole Bad Reichenhall hat eine spannende Geschichte zu erzählen – die des Weißen Goldes des Mittelalters. Reich gesegnet mit zahlreichen Solequellen und -bädern, wurde die gesamte Region schon früh von der Salzgewinnung und -verarbeitung geprägt. Auch das benachbarte Salzburg profitierte davon.

Entlang der Saalach, die hier unter anderem die Grenze zu Österreich bildet, verlassen wir Bad Reichenhall nordwärts, streifen Mauthausen und Piding und suchen uns dann die schmalsten Sträßchen, die wir finden können. Über Weiler wie Knogl, Kleinhögl, Hainbuch und Spielmannsberg kurven wir durch eine Landschaft, die wohl das Herz jedes Betrachters öffnet. Am besten, Sie probieren so oft wie möglich Abzweige rechts und links des Lenkers aus; manche mögen zwar als Sackgassen enden, andere erlauben aber die Weiterfahrt und allesamt bilden sie ein erlebenswertes Netzwerk an Pisten, die wir ganztags fast für uns alleine haben.

Teisen- und Oberteisendorf bilden quirlige Abwechslungen, sogar geschmückt mit so manchem lockenden Eiscafé oder schattigen Biergarten. Über Surberg und Neukirchen am Teisenberg bewegen wir uns weiter Richtung Inzell. Vor allem der Eisschnelllauf hat das in einem weiten Talgrund der Chiemgauer Alpen ruhende Inzell über alle bayerischen Grenzen hinaus berühmt gemacht. Für uns öffnet sich hier das Tor in die Chiemgauer Alpen (siehe auch Kapitel 81 und 82), und falls Sie jetzt Hunger haben, die Tür zum Restaurant Zeitlos in der Sulzbacher Straße. Die B 305 führt uns schließlich verkehrsreich wie immer retour nach Bad Reichenhall zu Salzgebäck, Fisch im Salzmantel … oder auch weniger salzigen Köstlichkeiten der Region. Guten Appetit!

Start/Ziel: Bad Reichenhall · **Streckenlänge:** ca. 90 km · **Schwierigkeit:** einfach
Kehren: 5 · **Kurven:** 130 · **Zeitaufwand:** ca. 2 Std. ohne Einkehr
Beste Tourenzeit: Anfang Mai bis Ende Okt.

DER »WOCHINGER« – HIER BRAUT DER CHEF NOCH SELBER

Eine Brauerei als Familienbetrieb wie die Traditionsbrauerei Wochinger in Traunstein ist auch in Bayern schon selten geworden. Das bedarf unserer Unterstützung – mit Boxenstopps so oft wie möglich! Und Platz im Topcase für flüssige »Reise-Erinnerungen« sollte auch sein …

Die Privatbrauerei Wochinger ist eine typisch bayerische Traditionsbrauerei mit eigenem Braubiergarten – also bayerischer Hochgenuss pur. Der Familienbetrieb wird inzwischen von den beiden Söhnen Theo und Rudi geführt, die nicht nur das Bierbrauen, sondern auch das Feiern verstehen. Vom Starkbieranstich Mitte März über das Maibaumaufstellen Ende April bis zum

Oldtimer-Treff im Juli oder den Erntedankfesten im Herbst gibt es neben der köstlichen bayerischen Küche zahlreiche gute Gründe, immer wieder einmal beim »Wochinger« vorbeizuschauen. Und mag auch Starkbier und Mopedfahren tagsüber nicht vereinbar sein, ein Platz für ein paar Flaschen Wochinger wird im Topcase oder Tankrucksack immer zu finden sein … oder sollte es. Ansonsten muss ich sagen: »Grober Fehler bei der Tourenplanung!«

Übrigens: Die Brauerei rühmt sich damit, die kleinste Brauerei Traunsteins zu sein. In diesem Fall ist das wahrlich kein Nachteil, denn klein bedeutet gleichzeitig auch fein. Zutaten nur aus der Region und kurze Lieferwege – nicht nur bis in den Biergarten nebenan – versprechen eine Frische des Bieres, die man schmeckt. Auch, weil hier der Braumeister noch ein echter Fachmann ist. Sehr lecker, das Wochinger!

Ort/Region: Zentrum von Traunstein, in der St. Oswald Straße
Attraktionen: ein typisch bayerischer Brauerei-Biergarten
Parkmöglichkeit: im Hof, kann aber eng werden
Öffnungszeiten/Besucherfrequenz: ganzjährig offen, im Winter Mo Ruhetag/
vor allem am Wochenende nach der Mopedtour durch den Chiemgau sehr beliebt
Weitere Infos: www.wochingerbraeu.de

Maibäume haben in Oberbayern lange Tradition – ebenso das Aufstellen des prächtig geschmückten Baumes. Und anschließend wird ordentlich gefeiert. Auch beim Wochinger.

Erst wenn Du
in der Ferne bift.
Weißt Du wie schön
die Heimat ift.

Auf Schleichwegen Richtung Südosten – und an der Grenze lockt das Salzburger Land.

SALZBURG, DIE PERLE ÖSTERREICHS, LOHNT AUCH MIT DEM MOPED

Schaut man ganz im Südosten Oberbayerns ein wenig über den Tellerrand hinaus, dann taucht die Silhouette einer der schönsten Städte Österreichs sogleich vor uns auf: Salzburg, die Geburtsstadt Mozarts und heutiges UNESCO-Welterbe. Ein Stadtbesuch lässt sich perfekt mit dem Moped gestalten.

Wir starten im sehenswerten Bad Reichenhall auf oberbayerischem Boden und suchen uns den Weg über winzige Sträßchen Richtung Osten nach Großgmain und Hinterreit. Dann gilt es, die kaum mehr als lenkerbreite L 237 zu treffen, die uns kurvenreich durch dichten Wald über die grüne Grenze ins Halleiner Land führt … und direkt zu einem zweiten Frühstück beim Hohlwegwirt von Hallein (siehe Kapitel 93).

Frisch gestärkt und mit vielen Tipps von Ernst geht es weiter ins Zentrum von Salzburg. Am 27. Januar 1756 erblickte Wolfgang Amadeus Mozart hier in der Getreidegasse 9 das Licht der Welt, ein Umstand, dem die Stadt auch heute noch viel zu verdanken hat. Mehr als die Hälfte seines allzu kurzen Lebens verbrachte Mozart in der zudem ältesten Stadt Österreichs. Basis ihres mittelalterlichen Wohlstandes waren das »Weiße Gold« (das Salz) sowie zeitweise auch das echte Gold. Bewacht von der Festung Hohensalzburg – übrigens eine der größten Burgen des Mittelalters – konnten die Bewohner jahrhundertelang ihren Geschäften nachgehen und gut leben. Heutzutage ist Salzburg nicht nur UNESCO-Weltkulturerbe, sondern eine der bekanntesten Städte Österreichs mit einem erlebenswerten Reichtum an touristischen Highlights und Sehenswürdigkeiten. Und ganz nebenbei auch die Heimat dieser köstlichen, wenn auch mächtig kalorienreichen Mozartkugeln, mit denen wir uns den Tankrucksack füllen können (und die übrigens keine [!] Erfindung Mozarts sind). Zurück nach Oberbayern geht es zum Beispiel via B 155 sowie entlang der Saalach wieder nach Bad Reichenhall. Wer dort am Abend einkehren möchte, ist mit dem Bürgerbräu in der Waaggasse gut beraten.

Start/Ziel: Bad Reichenhall · **Streckenlänge:** ca. 70 km · **Schwierigkeit:** einfach
Kurven: 130 · **Zeitaufwand:** ca. 2 Std. ohne Einkehr
Beste Tourenzeit: Anfang Mai bis Ende Okt.

BGL UND KÖNIGSSEE – SCHÖNER GEHT'S NICHT!

Das Berchtesgadener Land ist eine der beeindruckendsten landschaftlichen und touristischen Perlen Deutschlands ... so schön, dass selbst der sommerliche Trubel diesem Glanz nur wenig schaden kann. Wer kann, sollte dennoch die Sommerwochenenden meiden.

Der Besuch am berühmten Königssee ist natürlich Pflicht auf dieser Runde, ebenso der Rundgang durch das sehenswerte Berchtesgaden – aber bitte nicht an einem Sommerwochenende im Juli oder August. Außer Sie ziehen es vor, inmitten von Heerscharen an Asiaten, deren Selfie-Stick (unbeabsichtigt?) genau auf unsere Brust zielt, einen Blick auf den See zu erhaschen. Die beste Tourenzeit für diese Tour ist definitiv Mai bis Ende Juni oder September bis Ende Oktober. Dann ist diese Runde ein purer Genuss, den wir mit einem großen fahrerischen Bogen über Bischofswiesen und den malerischen Hintersee beginnen wollen. Auch am Hintersee mit seinen Malerwinkeln werden sich Naturfreunde zwar wohl zu jeder Jahreszeit »stapeln«, aber längst nicht derart nervenaufreibend wie nebenan am Königssee.

Über den Ort Ramsau mit seinem prächtigen Alpenpanorama nähern wir uns dem berühmtesten Alpensee Deutschlands. Ein riesiger Parkplatz kurz vor dem See sammelt alles, was sich motorisiert fortbewegt, denn nur zu Fuß gelangt man weiter zum See. Sein Echo ist weltberühmt, seine über einen Meter langen und bis zu 55 Pfund schweren Forellen sind wahrlich kein Anglerlatein, und so eine Bootsfahrt mit der Bayerischen Seenschifffahrt über den See bleibt für immer in Erinnerung.

Das Kontrastprogramm erwartet uns gleich östlich davon: die Rossfeldpanoramastraße, Deutschlands höchste mautpflichtige Alpenstraße. In herrlichen Rechts-Links-Kombinationen führt sie uns bis hinauf auf 1600 Meter, mitten hinein in die hochalpine Bergwelt des Berchtesgadener Landes. Sie ist auch das grandiose Finale der »Deutschen Alpenstraße« (siehe Kapitel 34 und 94); den schönsten Ausblick hat man vom Scheitelpunkt der Strecke aus.

Start/Ziel: Berchtesgaden · **Streckenlänge:** ca. 100 km
Schwierigkeit: einfach, nur in wenigen Teilabschnitten leicht anspruchsvoll
Kehren: 26 · **Kurven:** 114 · **Zeitaufwand:** ca. 3 Std. ohne Einkehr
Beste Tourenzeit: Anfang Mai bis Ende Juni, Sept. bis Ende Okt.

Es ist ein Privileg, den einzigartig berühmten Königssee derart frei zugänglich zu erleben.
Mein Tipp dazu lautet: Unter der Woche vormittags.

Der Vater gründete die Motorradschmiede KTM – der Sohn hält das Erbe lebendig.
Und kocht uns auf, dass jede Lederkombi aus den Nähten platzen muss.

HOHLWEGWIRT VON HALLEIN – WO ALLES BEGANN

Kochen kann er haubenmäßig, Motorradfahren wie der Teufel – und sein Vater gründete KTM. Glauben Sie mir: Mehr Argumente für einen (Pflicht-!)Besuch beim Hohlwegwirt brauchen Sie nicht.

Seit über 130 Jahren befindet sich die alte Poststation nun schon im Besitz der Familie Kronreif, einer der beiden Gründerfamilien der österreichischen Motorradschmiede KTM. Ernst Kronreif, der Vater des heutigen Hohlwegwirtes, steht für das »K«; gemeinsam mit seinem Freund Trunkenpolz (»T«) gründete er 1953 KTM in Mattighofen (»M«). Die beiden legten damit den Grundstein für eine Motorrad-Erfolgsgeschichte, wie sie nicht nur in Österreich wohl einzigartig ist.

Mögen auch die Bande zwischen KTM und Ernst Kronreif jun. nicht mehr allzu eng sein, die Geschichten, ja, Abenteuer über das so aufregende wie viel zu kurze Leben seines Vaters sind im historischen Wirtshaus allerorten so lebendig wie eh und je. Denn Ernst sen. war ein Marketinggenie, dessen Ideen und teils tollkühne Aktionen die Marke über alle Grenzen hinweg berühmt gemacht haben. Leider beendete ein Krebsleiden sein Leben bereits mit 40 Jahren.

Heutzutage scheint die Sonne über dem Hohlwegwirt oftmals ungetrübt, das Leben dort ist ein Genuss – auch im Mopedsattel – und wer nach Tourenplänen sucht, der frage einfach Ernst. Er kennt hier wie kein anderer jede Kurve mit Vornamen, hat fertige Touren in den Tennengau oder das einzigartige Salzburger Land parat und Sightseeingtipps samt exzellenten Kontakten zum örtlichen Golfclub oder zu einer der besten Schnapsbrennereien des Tennengaus. Aber aufgepasst: Die Einkehr bei Ernst und seiner vielfach ausgezeichneten Kochkunst ist nicht für die Diätwochen des Jahres geeignet! Viel Spaß beim Hohlwegwirt von Hallein. Grüßen Sie Ernst herzlich von mir und sagen Sie ihm: Ich bin auf dem Weg!

Ort/Region: Hallein-Taxach, am Ostrand des Berchtesgadener Landes, Salzburger Straße 84
Attraktionen: prämierte Koch- und Backkunst, garniert mit der hochspannenden Geschichte von KTM · **Parkmöglichkeit:** großer Parkplatz
Öffnungszeiten/Besucherfrequenz: täglich ab 9 Uhr, Mo Ruhetag/gut besucht am Wochenende morgens vor oder abends nach der Tour, unter der Woche vor allem abends
Weitere Infos: www.hohlwegwirt.at

ROSSFELDPANORAMASTRASSE: RUNDUMBLICK VOM FEINSTEN

Ausgehend vom Alpenstädtchen Berchtesgaden, sollten Sie sich vor der Fahrt auf das Rossfeld frühmorgens noch einen Abstecher zum berühmten Königssee gönnen, da haben sie ihn ein paar Augenblicke ganz für sich allein. Anschließend folgen Sie östlich von Berchtesgaden einfach der Beschilderung zur Rossfeldpanoramastraße. Den schönsten Überblick über die Schönheit des Berchtesgadener Landes hat man vom Parkplatz am Scheitelpunkt der Rossfeldpanoramastraße aus.

Ort/Region: Berchtesgadener Land, mautpflichtige Rossfeldpanoramastraße
Attraktionen: Natur in prächtiger und alpiner Variante mit grandiosen Ausblicken auf Watzmann und das Berchtesgadener Land · **Parkmöglichkeit:** ein großer Parkplatz
Öffnungszeiten/Besucherfrequenz: Juli bis Aug. extrem voll, Mai bis Juni sowie Sept. bis Okt. ruhiger, dann sogar am Wochenende möglich
Weitere Infos: www.rossfeldpanoramastrasse.de

BRUNNER BRÄU – WENN TRÄUME WAHR WERDEN

Brauerei-Chef Wolfgang Brunner hat sich im Jahr 1990 einen Traum verwirklicht und in Eggenfelden eine eigene Kleinbrauerei gegründet – fünf »handgemachte« Biersorten mit Zutaten aus der Region, gebraut mit Tradition, gelagert in Eichenholz. Dazu ein schattiger Biergarten, der während der Motorradsaison ab 15 bzw. 18 Uhr für uns geöffnet hat. Dazu organisiert Wolfgang Oldtimer-, Veteranen- und Volksfeste auf seinem Anwesen – kein Wunder also, dass er seither kaum noch selbst im Mopedsattel anzutreffen ist.

Ort/Region: Westrand von Eggenfelden, nahe dem Flugplatz
Attraktionen: urgemütlicher bayerischer Biergarten, der Wirt fährt selbst Motorrad
Parkmöglichkeit: auf dem eigenen Areal
Öffnungszeiten/Besucherfrequenz: täglich ab 15 Uhr, Mo Ruhetag/gut besucht an den Wochenenden ab Mai als Abschluss einer Runde durchs Rottaler Land, Publikum vorwiegend Tourenfreunde · **Weitere Infos:** www.brunner-braeu.de

Das Rossfeld ist nicht nur Deutschlands höchste Panoramastrecke, es ist auch der krönende Abschluss Oberbayerns gen Südosten.

Immer eine Schau: Auch wenn die Zeitzeugen aus den KTM-Gründerjahren weniger werden, die KTM Historic Sternfahrt alljährlich im Mai lohnt jeden Besuch.

Die KTM Historic Sternfahrt ist zwar vielleicht grammatikalisch »unrund«, wer auf die Geschichte von KTM steht, sieht aber darüber hinweg …, und zwar mit Leichtigkeit und Genuss. Übrigens: Ein Event-Tipp NICHT geeignet für die Diätwochen es Jahres …

Die alljährlich Ende Mai von Ernst Kronreif jun. initiierte KTM Historic Sternfahrt mit Start und Ziel natürlich bei himself, also dem Hohlwegwirt von Hallein, zelebriert die Entstehungsgeschichte der wohl bedeutendsten Motorradschmiede Österreichs. Und ist für viele noch lebende KTM-Werksfahrer der alten Garde ein willkommener Anlass, aus längst vergangenen Tagen zu erzählen, in Erinnerungen zu schwelgen und viele extra für diesen Tag herbeigeschaffte und dort ausgestellte technische Leckerbissen zu bestaunen. Ganz nebenbei wird so Ernst Kronreifs wahrlich nicht für Diätwochen geeignete Kochkunst mit Anekdoten garniert.

Und wenn dann, nach Stärkung und Begrüßung aller Sternfahrt-Gäste nach dem zweiten Frühstück samt Marillenmarmelade und Benzingesprächen, die Kickstarter der Mopeds (nicht nur, aber hauptsächlich von KTM) getreten werden und ein unvergleichlicher Hauch von Zweitakt-Duft über den Parkplatz des Hohlwegwirts wabert, wenn der Verkehr auf der Hauptstraße gestoppt wird, damit die Oldies zur gemeinsamen Sternfahrt ins Zentrum von Hallein tuckern können, spätestens dann strahlt der Wirt aus Überzeugung, posiert mit berechtigtem Stolz vor der legendären KTM R 100 mit der Rahmennummer 1 und erinnert selbst mit vielen Geschichten an seinen viel zu früh verstorbenen Vater. Ohne den es Österreichs berühmteste Motorradschmiede vermutlich nie gegeben hätte … Ebenso wenig, wie den heutigen Hohlwegwirt Ernst und seine ausgezeichnete Kochkunst.

Ort/Region: Hohlwegwirt von Hallein, Grenze zwischen Berchtesgaden und Salzburg
Termin: jährlich Ende Mai · **Attraktionen:** spannende Entstehungsgeschichte
von KTM mit Zeitzeugen, dem Sohn des Gründers
Ernst Kronreif sowie der berühmten KTM R 100 mit Rahmennummer 1
Parkmöglichkeit: genügend
Öffnungszeiten: ab 9 Uhr bis spät in die Nacht, bis jeder Gast glücklich und satt ist
Tipp: gleich zum Frühstück ist die Chance am größten, Ernst Kronreif jun. persönlich
alle Geheimnisse von KTMs Geschichte zu entlocken
Weitere Infos: www.hohlwegwirt.at

DER LANGE BLICK ÜBER DEN ÖSTLICHEN TELLERRAND

Zwischen Bayern und Österreich sind die Grenzen fließend, oftmals sogar unauffindbar, ganz besonders zwischen Oberbayern und dem Innviertel. Und da dort nicht nur herrliche Tourenreviere auf uns warten, sondern auch Österreichs berühmteste Mopedschmiede, gibt es viele gute Gründe für eine grenzüberschreitende Rundreise.

Die mächtige Salzach bildet im Südosten Oberbayerns auf weiter Strecke nicht nur die Grundlage für viele Freizeitvergnügen – Stichwort Plättfahrten –, sondern auch die natürliche Grenze zwischen Deutschland und Österreich. Im Grenzstädtchen Freilassing, am Zusammenfluss von Saalach und Salzach, starten wir unsere »Factory Tour« und halten uns zunächst westlich des Grenzflusses auf. Einmal mehr geht es über die Dörfer: zunächst über Surheim Richtung Laufen inmitten einer mächtigen Schleife der Salzach, dann über Kirchanschöring und Fridolfing nach Tittmoning. Dort können wir an schönen Sommertagen den Plättenfahrern auf der Salzach zuschauen – ein Event für alle Altersgruppen. Oder natürlich auch selber mitfahren, dafür sollten sie aber mindestens zwei bis drei Stunden Zeit einkalkulieren.

In Tittmoning selbst queren wir nun die Grenze zu Österreich und befinden uns im Innviertel. Suchen Sie sich kleine Pisten und Güterwege, um genüsslich gen Osten zu surfen – natürlich auch über den Weiler Fucking mit der wohl meist fotografierten Ortstafel Österreichs. Sobald wir Mattighofen erreicht haben, gibt es nur noch ein Ziel: die KTM Factory mit der brandneuen »Motorhall«, einer Motorradpräsentation der Extraklasse. Rechtzeitig zum Erscheinen dieses Buches öffnet sie ihre Pforten und ersetzt die bislang sehr beliebte »Factory Tour«. Planen Sie mindestens zwei Stunden Zeit für den Besuch ein und bringen Sie eine EC- oder Kreditkarte mit freiem Limit mit, falls Sie ein richtig geniales Austria-Moped bestellen wollen. Ein ganz anderes Thema erwartet uns dann auf dem Heimweg nach Freilassing: Salzburg, Mozarts Geburtsstadt und Perle an der Salzach (siehe Kapitel 91).

Start/Ziel: Freilassing · Streckenlänge: ca. 150 km · Schwierigkeit: einfach
Kurven: 261 · Zeitaufwand: ca. 3–4 Std. ohne Einkehr
Beste Tourenzeit: Anfang Mai bis Ende Okt.

Fernab jeglichen Trubels: Das österreichische Innviertel erweitert den
oberbayerischen Tourengenuss Richtung Osten. Und das nahtlos …

Mitten aus dem prallen Leben: Altötting mit seiner Votivkapelle ist ebenso sehenswert, wie Burghausen mit der längsten Burg Europas.

RUND UM ALTÖTTING – NICHT NUR FÜR GLÄUBIGE EIN GENUSS

Altötting ist ein Pflichttermin für Wallfahrer nahezu aller Konfessionen. Aber das geistliche Zentrum Bayerns ist auch ein sehenswertes Ausflugsziel für Andersdenkende und bietet mit seinem kurvenreichen Umland ein geradezu prächtiges Terrain für sonntägliche Motorradtouren.

Seit über 1250 Jahren ist Altötting das geistliche Zentrum des Freistaates Bayern und seit über 500 Jahren der bedeutendste Marienwallfahrtsort Deutschlands. Über eine Million Pilger zählt der Ort auch heute noch Jahr für Jahr im selbst ernannten »Herzen Europas«. Doch gleichgültig, ob Sie einer Konfession angehören oder nicht – ein Rundgang durch das Zentrum des Ortes ist beeindruckend. Allein der Blick in die Votivkapelle mit Hunderten an Danksagungen und Marterln ist wohl einzigartig. Falls der Glaube Berge versetzen kann – hier hängen Beweise aus vielen Jahrhunderten, auch aus gar nicht so lang vergangenen Tagen.

Anschließend nehmen wir Platz auf dem Mopedsattel, wenden uns Richtung Westen und wedeln in einem weiten Bogen über das Land ins prächtige und sehr weltliche Burghausen. Dessen historisches Zentrum direkt am Ufer der Salzach ist eine herausgeschmückte Schau, die man wunderbar bei einer Einkehr im Augustiner am Stadtplatz bestaunen kann.

Für den besten Blick auf Burghausens städtebaulichen Höhepunkt müssen wir danach allerdings kurz das Ufer respektive Land wechseln. Den besten Blick auf die längste Burg Europas hat man nämlich vom österreichischen Ufer der Salzach aus. Über einen Kilometer Länge misst die Wehranlage und dominiert damit das einzigartige Stadtbild. Welch eine Pracht!

Der Rückweg führt über Braunau am Inn und Emmerting, damit das Thema Motorradfahren auf keinen Fall zu kurz kommt. Nutzen Sie dafür den GPS-Download, es lohnt sich. Und nutzen Sie die sich bietenden Einkehrmöglichkeiten – aber ich wiederhole mich. Vermutlich unnötigerweise …

Start/Ziel: Altötting · **Streckenlänge:** ca. 150 km · **Schwierigkeit:** einfach
Kurven: 244 · **Zeitaufwand:** ca. 3 Std. ohne Einkehr oder Sightseeing
Beste Tourenzeit: wochentags Mai bis Juni und Sept. bis Okt.

DAS BÄDERDREIECK –
NICHT NUR ROLLATOR-TAUGLICH

Vor allem Rentner lieben das oberbayerische Bäderdreieck und seine oftmals wohlig-warmen Quellen und Thermalbäder. Doch auch Biker finden hier eine Kombination aus Kurvenspaß und abendlicher Entspannung, die Körper und Seele richtig guttut.

Lassen Sie uns diese (übrigens für jedes Alter geeignete) Rundreise im Örtchen Rotthalmünster beginnen, vielleicht nach einem Blick ins historische Zentrum. Danach suchen wir den Weg gen Westen – wann immer möglich, über kaum mehr als lenkerbreite Wege. Keine Sorge: Sie sind durchwegs asphaltiert und oftmals sogar beleuchtet. Allerdings: Einige Orte im Bäderdreieck haben Nachtfahrverbote für Motorräder – also Acht geben!

Über Oberwesterbach geht es nach Münchham, Bärnsham und Triftern und via Asenham und Bleichenbach ins Tal der Rott. Wir folgen ihr nach Anzenkirchen, wechseln die Flussseite und »Fließrichtung« und landen unversehens in Bad Birnbach, unserem ersten Kurbad. Über Lengham und Bayerbach erreichen wir sodann Bad Griesbach, unsere Nummer zwei im Bäderdreieck, deren Therme außerhalb des Hauptortes angelegt wurde. Im Ort selber bieten sich zahlreiche Cafés und Kneipen zur Einkehr an – mein Tipp lautet hier: das urige Moststüberl in der Kurallee.

Noch einmal geht es ab in die Landschaft und – hurra! – die Zahl der Kurven wird fast dreistellig. In einem weiten Bogen über Schmid- und Gadham sowie Geiselberg erreichen wir Ruhstorf an der Rott und via Pöcking dann Bad Füssing, die wohl bekannteste und größte Kuranstalt des Bäderdreiecks. Im weiten Flussdelta zwischen Rott und Inn gelegen, hat man sich voll und ganz dem kurenden und radelnden Gast verschrieben – deren obligatorische Vorfahrt verlangt höchste Konzentration. Zwischen 13 und 15 sowie ab 22 Uhr ist Füssings Kurzone komplett für den Verkehr gesperrt. Die Missachtung dieser Mittags- bzw. Nachtruhe kann bis zu 50 Euro kosten. Nun denn, Rotthalmünster liegt nicht mehr fern, und zum abendlichen Einkehrschwung, beispielsweise im Klosterhof Asbach im Zentrum, ist es auch zu empfehlen.

Start/Ziel: Rotthalmünster · **Streckenlänge:** ca. 140 km · **Schwierigkeit:** einfach
Kurven: 189 · **Zeitaufwand:** ca. 3 Std. ohne Einkehr
Beste Tourenzeit: Anfang Mai bis Ende Okt.

Bei deutschen Rentnern ein Hit – bei Motorradfahrern noch weitgehend unbekannt: Das Bäderdreieck hat auch abseits des Sattels viel zu bieten.